南亚东南亚语言文化研究

主编 龚益波

东南大学出版社
SOUTHEAST UNIVERSITY PRESS
·南京·

内 容 提 要

本书汇集了国内外语非通用语界专家学者的研究成果,坚持突出南亚东南亚特色,坚持学术性,内容涵盖语言文学与文化研究、学科建设与教学研究、历史与国情研究等几大方面,以突出传统外语语言文学学科在新的时代背景下的研究方向,并期望通过研究成果为国家的"一带一路"等倡议及对外交往服务。本书适用于相关专业的研究生及从事南亚东南亚相关领域的研究人员。

图书在版编目(CIP)数据

南亚东南亚语言文化研究 / 龚益波主编. — 南京:东南大学出版社,2021.9
 ISBN 978-7-5641-9650-9

Ⅰ. ①南… Ⅱ. ①龚… Ⅲ. ①文化语言学-文化研究-南亚-文集 ②文化语言学-文化研究-东南亚-文集 Ⅳ. ①H0-05

中国版本图书馆 CIP 数据核字(2021)第 170589 号

南亚东南亚语言文化研究 Nanya Dongnanya Yuyan Wenhua Yanjiu

主　　编	龚益波	责任编辑	王艳萍
出版发行	东南大学出版社	出版人	江建中
地　　址	南京市四牌楼 2 号	邮　编	210096
销售电话	(025)83794561/83794174/83794121/83795801/83792174/83795802/57711295(传真)		
网　　址	http://www.seupress.com	电子邮件	press@seupress.com
经　　销	全国各地新华书店	印　刷	广东虎彩云印刷有限公司
开　　本	787 mm×1092 mm　1/16	印　张	9.75　字　数　230 千字
版印次	2021 年 9 月第 1 版第 1 次印刷		
书　　号	ISBN 978-7-5641-9650-9		
定　　价	68.00 元		

* 未经许可,本书内文字不得以任何方式转载、演绎,违者必究。
* 东大版图书,如有印装错误,可直接向发行部调换,电话:025-83791830。

前　言

南亚东南亚是我国的周边近邻，是我国人民最早熟悉并与之交往的地区。至迟于公元前 4 世纪，我国人民经由南方陆上丝绸之路便与南亚东南亚人民有了友好的交往，开始了文化交流，缔结了传统友谊。

理解一个国家和一个民族，文化的理解是最基础的理解。为了加强睦邻友好，促进双边交流，我们结合自己的语言教学实践，选取"语言文化"这个视角，展开对南亚东南亚的研究。北京大学的著名学者陈炎曾经说过："学人的生命过程大为两端，一端即是积累和思考，另一端则是出手为成果。"在学术研究的征途上，年龄不分老少，起步不分早晚，只要不畏劳苦，肯付心血，持之以恒，那么，耕耘必有收获，天道必会酬勤。经过漫长的整理、审校，这部《南亚东南亚语言文化研究》终于就要问世了。

传统上，外语学科的理论研究，不外乎语言学和文学这两个方向。近年来，教育转型和教学改革的趋势要求我们不能只满足于上述两个方向。面对新形势、新任务和新要求，必须不断拓宽专业知识，提高自身素养和个人能力，及时地使自己的知识、能力得到更新和优化。于是我们尝试着进行了语言对象国语言文学之外的探索和研究，以期逐渐适应转型改革的需要，其中就不乏有关语言对象国的历史、文化、国情以及对外交往等方面的研究。书中所涉及的研究领域和研究方向比较广泛，内涵丰富，充分反映了大家在转型改革中艰辛而卓有成效的探索。

本书的所有看法均为学者的学术观点，但由于认识水平和时间有限，一些观点可能显得有些粗糙且不够成熟，真诚感谢各位读者和同仁予以支持并欢迎对书中一些不足之处不吝赐教，以提高我们的研究水平。

编者
2021 年 8 月·南京

目 录

战略与外交研究

南亚地缘特征及对中国的战略意义/汤禄斌 …………………………………… 2

"一带一路"背景下中老安全合作回顾与展望/杨 玙 …………………………… 12

浅析"一带一路"倡议下的中越关系/黄 楫 王旭骥 …………………………… 18

菲总统杜特尔特南海政策转变原因及前景分析/梁 舟 ………………………… 34

南海问题中越两国主权声索管窥
　　——读《权力扩散视角下的中越南海争端研究》后的思考/朱国庆 ……… 42

中国南海防空识别区设立的法理依据与困境/仝广军 ………………………… 55

历史与国情研究

炳·廷素拉暖上将：泰国现代政治"活化石"/虞 群 …………………………… 64

日本人心中的"英雄"——印度人帕尔/曹 宇 ………………………………… 73

缅甸：民盟民族整合的特点探析/杨叶雨 宁 威 ……………………………… 80

对老挝军事法的立法研究及其对我国的启示/邵文文 …………………………… 89

泰国枢密院传统与民主发展/王家榜 ……………………………………………… 102

泰国早期民主思想浅析

  ——以泰国"民主之父"比里·帕侬荣的民主思想为例/刘　颖 …………… 107

印度象头神在缅甸的本土化研究/张素娇 ………………………………………… 115

语言文学与文化研究

兴化方言与越南语语音对比浅析/宦玉娟　方晨明 ……………………………… 128

浅析阿瑜陀耶时期外交对服饰文化的影响/黄心蕾 ……………………………… 136

学科建设与教学研究

新形势下军队院校外语非通用语教育与短期培训问题探析/扈琼瑶　钟荣霈 ……… 146

· 战略与外交研究

南亚地缘特征及对中国的战略意义

汤禄斌

摘要：南亚地区是我国重要的周边地区之一，而且在"一带一路"倡议大格局下，其地缘的战略性、重要性和关键性显得更加突出，是我国周边外交工作极为重要的区域。南亚又是我国面向和连接印度洋的重要通道，是我国对外开放与合作的必争区域，也是未来不可忽视的一个备受关注的区域。因此，南亚对我国具有重要的战略意义。

关键词：南亚　地缘特征　战略意义

从地缘战略视角考察，南亚在陆地上连接中亚与东南亚，在海洋上连接波斯湾、北印度洋和马六甲海峡，这种地理联通性使得南亚与域外地区有着紧密的地缘关联。同时，在地理形态上，南亚次大陆呈楔形自北向南插入印度洋达上千千米，天生具备一种钳制印度洋的地理态势。"南亚处于欧亚大陆外缘'新月形'地域的中间地带，扼守亚洲和大洋洲通向欧洲和非洲的水上交通要道，靠近波斯湾产油区，俯视着东西方重要的石油通道，战略地位非常重要。"因此，在世界主要大国的视野中，南亚的战略位置也都是非常关键的。

一、南亚地理概况

（一）南亚地理位置

南亚指位于亚洲南部的喜马拉雅山脉中西段以南及印度洋之间的广大地区。它东濒孟加拉湾，西濒阿拉伯海，位于 $0°—37°N$、$60°—97°E$ 之间，非岛屿基本在 $10°—30°N$ 之间,南北和东西距离各约 3 100 千米。南亚共 7 个国家、1 个地区:尼泊尔、不丹为内陆国,印度、巴基斯坦、孟加拉国为临海国,斯里兰卡、马尔代夫为岛国,以及克什米尔地区①。

南亚以印度洋板块为主体,从海平面升起成为南亚次大陆及兴都库什地区。按顺时针方向,环绕南亚的,有西亚、中亚、东亚、东南亚及印度洋。

南亚西北与伊朗、阿富汗接壤,北靠中国,东邻缅甸,南濒印度洋。建有卡拉奇、科伦坡、亭可马里、达卡、吉大港等海空军基地,加尔各答、金奈、孟买、科钦、维沙卡帕特南、甘岛等海军基地,白沙瓦、德里、阿格拉等空军基地。

南亚北有高大的喜马拉雅山脉把它跟亚洲大陆主体隔开,东、南和西三面为孟加拉湾、印度洋和阿拉伯海所环绕,在地理上有一定的独立性,这使南亚在地理上形成一个相对独立的单元,所以喜马拉雅山以南至印度洋的大陆部分被称为"南亚次大陆"(或简称"次大陆")。

(二) 南亚战略地位

南亚地理位置具有三个显著的特点:其一,南亚地处东南亚、西亚和中亚的交会地带,与中国西部毗邻,但喜马拉雅山将南亚与亚洲大陆阻隔,南亚次大陆还是连接欧洲、中东、东亚和澳大利亚的枢纽;其二,南亚处于印度洋中心且在地理上形成了相对独立的单元,东、西两面分别与孟加拉湾和阿拉伯海比邻;其三,印度位于南亚次大陆的中心,南亚其他国家包括巴基斯坦、孟加拉国、不丹、尼泊尔、马尔代夫和斯里兰卡在内都与印度或通过陆地相邻或通过海洋相连,但彼此之间并不相邻。

南亚东濒孟加拉湾,西濒阿拉伯海,是中亚南下印度洋的通道,为亚洲、大洋洲和欧洲、非洲间的海上交通要冲。南亚地处印度洋北岸中心位置,控制着被西方称为"海上生命线"的印度洋通道,靠近海湾石油宝库和欧洲战略侧翼的中东。向西通过苏伊士运河可进入地中海,或经非洲南端的好望角进入大西洋,直达欧洲;向东经印度洋与西太平洋之间的交通咽喉马六甲海峡等进入太平洋或直抵澳大利亚。因此,它是贯通亚、非、欧三洲的交通要道和远东至欧洲航线的要冲,为国际航空及海运必经之地,战略地位十分重要。它位于东南亚和中东之间,东与东南亚的缅甸毗连,西与中东的伊朗相接,为东南亚和中东之间陆上交通的必经之地。

---

① 印度和巴基斯坦各控制克什米尔部分地区。

二、南亚地缘特征

南亚是欧亚大陆心脏地带、海洋辖区和东亚三个地缘战略辖区控制的重合地带。在很大程度上,南亚自成一体、相对独立的地理构造,自然而然地孕育出相应的一些地缘政治思维。其中最有决定性影响的是,印度作为地区内占据主导地位的大国,形成了主导南亚、积极排外的地缘政治意识,而在地缘战略偏好方面,防范外部势力尤其是邻近大国染指南亚成为印度重大的战略关切和突出的地缘思维。

(一)南亚的区域性

南亚地处亚洲大陆的南部,以南亚次大陆(印度次大陆)为主体,并包括印度洋上的众多岛屿。南亚7国北有高大的喜马拉雅山脉将南亚跟亚洲大陆主体隔开,东、西、南三面被孟加拉湾、阿拉伯海和印度洋所环绕,南亚在地理上有一定的独立性,形成一个相对独立的单元。

南亚地理位置十分重要,位于东亚连接中亚、西亚以及通达欧洲陆上通道的中心区域,长期以来就是东西方经济、文化交流的枢纽地带。而今,南亚扼守着全球最繁忙的印度洋航线的咽喉要道,对世界经济安全有着明显而重要的影响。

南亚的地理环境具有独特性。高山、高原和平原及沙漠或荒漠是其内陆的主要自然地貌,印度洋沿岸岛国海岸带发达,是印度洋大通道上的重要港口驿站,具有经济战略通道意义。

南亚是一个地缘政治关系特别复杂的区域。殖民历史时期,南亚几乎完全在英国的掌控之下。随着冷战的结束,尤其是全球化的迅猛发展,在面对传统安全和非传统安全重大挑战方面,南亚国际政治环境也在发生急剧的变化,美国加紧在南亚地区的力量介入,印度也借机扩大自己的势力影响,推行"向东战略",这对中国推进与南亚地区的合作产生了制约性影响。

南亚这一地理单元因其自成一体的地理特性,以及既有连接海洋的优越地位又不乏深入大陆的战略纵深这种陆海兼备的地缘属性,而深具地缘政治和地缘经济意义上的重要战略价值。更为重要的是,南亚独有的地理特性和地缘属性,使其重要的战略体孕育出相应的地理观念和战略关切,并作为地缘政治思维及对外战略指导,给南亚地缘格局塑造带来深远影响。

(二) 南亚的战略性

南亚是印度洋北部边缘从红海到马六甲海峡这一弧形战略地带的核心。其东部毗邻东南亚地区,西部接壤伊朗高原,西北部相连中亚帕米尔高原。就地缘政治,及南亚次大陆与海洋关系而言,南亚在实施"一带一路"国家战略大格局中占据重要位置,是我国周边外交战略优先考虑的区域之一,其地缘战略意义不言而喻,南亚的区域合作战略地位与关联性极为突出。

丝绸之路南线是我国最早对外商贸交往的大通道,文化交流与传统凸显亲近性,历史性基础支撑比较有力,有利于我国海上丝绸之路的链接与拓展;我国正在构建的中巴经济走廊和中、孟、印、缅经济走廊可与"一带一路"建设互动互促,这充分体现了地区利益共同体的发展愿望。

当前,我国能源国际依赖性已超过了50%,石油运输通道事关我国能源保障与安全,也存在运输成本问题。马六甲海峡海运通道既存在安全问题,又有成本问题,更有不确定的国际因素影响和制约。而古丝绸之路的南线,即南亚商贸路线,不仅可以极大地缩短运输距离,节省运输成本,还可以促进我国与南亚的经贸合作,带动陆路与印度洋的链接。同时,对四川、云南、西藏的经济社会发展具有拉动作用,对稳边、富疆具有积极的促进作用和深远影响。

(三) 南亚的合作性

南亚地区除了印度处在经济腾飞过程之中,其他国家的发展都相对迟缓,尼泊尔等国家的落后与贫穷问题十分突出。因此,我国与南亚存在着多方面巨大的合作空间,它是我国产业转移的重要地区,有利于我国西部省份和国家层面的转型发展,存在诸多合作的机遇。

中国赞赏和支持南盟在促进南亚各国消除贫困共同发展、维护南亚地区的和平与稳定方面发挥积极作用,并与该组织成员在经济、贸易等不同领域保持着友好合作关系。同时,南亚各国大多希望南盟同中国建立联系,通过区域合作促进南亚经济发展。

中国与南亚的合作基本具备了天时、地利、人和的三个条件。2012年,中国与周边国家的贸易总额达到了1.3万亿美元,比中国与美国、欧洲的贸易总额多出了2 800亿美元。2013年,中国和南亚双边贸易额近1 000亿美元,中国企业对南亚投资累计超过40亿美元,完成工程承包营业额累计超过850亿美元,标志着中国与南亚的合作正在进入最活跃、最富有成果的时期。2014年6月6日至6月10日昆明举办了第二届中国—南亚博览会。

随着时代主题的变化,和平发展、合作共赢成为时代的潮流,国际关系的重心正在从大西洋向太平洋转移,亚洲的崛起是重要的牵动力。中国和印度加入了亚洲崛起的大潮,使亚洲崛起的势头、深度和广度明显加强。2020年亚洲的经济总量在全球占39%,再过20年,预期可能升至50%以上,亚洲新兴国家未来仍将保持中高速的经济增长,而南亚2011年GDP为2.261万亿美元,占全球GDP总量的3%,发展的潜力是巨大的。中国和南亚都面临着众多的挑战,只有靠发展才能够成功地应对这些挑战。

中国和南亚的合作有着巨大的发展空间。国家实施"一带一路"长远战略,应该重视正日益成为全球一支重要经济力量的南亚,积极统筹好与南亚的合作,是逐步推进该战略的务实行动。因此,全面加强我国与南亚的合作,是经济全球化大背景下提升地区合作能力和效益的必然。要加强与南亚合作的领域不仅包括政治、经济领域,科技领域也有相当的合作必要性,而且对促进与南亚的合作具有一定的基础性、先导性与支撑性。

(四)南亚的动荡性

南亚的许多地方依旧贫困混乱,国家政治进程艰难,恐怖主义活跃,甚至从未远离过动荡不安或战火威胁。数十年间,印巴两国数度兵戎相见,边界地区屡屡出现紧张对峙,长期冲突的地缘政治结果便是双方积怨日深,使两国间包括克什米尔地区的边界地带成为地区内存在的一条明显区域裂痕。进入21世纪以来,印度的全面优势继续得到扩大、强化,与此同时,巴基斯坦国家发展却因美国发动阿富汗战争而饱受影响,双方力量对比的失衡进一步加剧。因此,印巴间的对抗,因力量对比的失衡,整体上是一种"非对称性对抗"。不过,固然在两国战略能力的对比中,巴基斯坦的实力不及印度,印度自始至终占据着突出的优势位置,但是,巴基斯坦在对抗印度中,经常使用一些非对称性手段来降低战略成本,这就使其与印度的对抗能够长期持续下来。如此,力量对比的失衡性与相互对抗的长期性,令人惊讶地在这两国之间并行不悖、延续下来。现在看来,它们之间的历史遗留问题以及严重的战略信任赤字已成为导致本区域安全局面持续严峻的一个重要因素。印度和巴基斯坦在克什米尔问题上面临着几乎难以解开的死结,它们的和解进程屡屡受挫。同时,这两个南亚大国不仅在积极提升常规打击力量,而且保持着基于"最高威慑"的核力量。

在南亚,除了传统安全威胁的阴影不散,还面临国际恐怖主义与宗教极端主义内外联动所带来的日益严峻的威胁。"据统计,2005—2015年,南亚的恐怖主义活动共造成

117 932人死亡,其中包括41 731名平民、13 994名安全部队人员和62 207名恐怖分子。"事实上,南亚已成为以"伊斯兰国""'基地'组织"为主要代表的当今国际恐怖主义势力和以塔利班为代表的地区宗教极端主义势力的又一个藏匿之地和势力拓展区域。本·拉登在巴基斯坦被捕杀以来,"'基地'组织"在南亚日益式微,然而,"伊斯兰国"的势力拓展,以及塔利班组织的恐怖主义活动,使得南亚的反恐形势依然严峻。受民族跨边境分布的影响,南亚各国间很难对恐怖分子的定义达成共识,因而也就很难在政策和政治意愿上达成一致,这就增加了区域内反恐的难度。现在南亚已经成为国际毒品的一个重要产地,并成为境外毒品进入中国的一条重要的区域通道。毒品收入是恐怖主义势力的重要经费来源,罂粟种植成为许多无产家庭的主要维生手段,所以禁毒行动在这里有显而易见的挑战和困难。南亚地区印巴对抗、恐怖主义活动持续发酵,一个不可避免的结果就是传统与非传统两种安全问题共同威胁着南亚的和平与发展。

三、南亚对中国的地缘战略意义

通过分析南亚的地缘特征可以得知,南亚对中国有着非常重要的作用,并且随着时间的推移,南亚对中国的战略意义会逐渐凸显出来。随着中国国力的强大,印度会更加担心中国的崛起,中国在此区域要保持和平稳定的环境,就必须对南亚有战略性的规划。另外,中国在未来与世界各国将会有更多的贸易,中国对石油的进口需求也会逐年增加,这些都与作为能源运输通道的印度洋息息相关,中国应该针对印度洋有特别的打算,为将来在该区域与其他国家的竞争创造优势条件。

(一)南亚的稳定直接影响我国西南地区的发展

南亚与中国西南边境接壤,从地缘视角看,由于地缘意义上的临近,南亚的局势必然会对中国西南边境产生影响。中印之间的历史问题至今没有解决,双方仍有边界争议,作为邻国的印度的国内形势会对中国与其接壤的边境地区产生一些影响。从中国整体的周边环境看,虽然南亚次大陆不是对中国国家安全最具决定意义的地区,但该地区发生冲突和动乱对中国的周边稳定产生的负面影响不容小觑。

"二战"结束后,英国在南亚的殖民体系面临瓦解,为了有效实施英国在该地区的控制,保住英国在该地区的利益,英国对英属印度采取分而治之的办法,也就是"蒙巴顿方案",把英属印度分成印度和巴基斯坦,各自成立自治政府。英国的"印巴分治"带来了很多不良影响。由于巴基斯坦分为东巴和西巴,其领土被印度一分为二,加之两国之间宗教矛盾和领土纠纷日益增加,印巴分治后两国摩擦冲突不断,最终导致了后来的三次武装战争。冷战结束后,两国军备竞赛依然如故,并最终导致两国都成功试验核武器,成为有核国家。

"9·11"事件以后,南亚恐怖主义蔓延,造成了南亚的动荡,印度和巴基斯坦深受恐怖主义的危害,两国关系也因恐怖主义问题而变得矛盾重重,双边关系急转直下。恐怖主义成为该区域另一不稳定因素,印度和巴基斯坦国内恐怖暴力事件层出不穷,尤其是针对印度的恐怖袭击使得印度政府对巴基斯坦大为恼火。2008年11月,孟买发生恐怖袭击,造成重大人员伤亡,印度指责巴基斯坦暗中支持恐怖主义活动,国际社会也要求巴基斯坦严惩凶手,加强对恐怖主义的打击和防范,但印巴关系恶化已成事实,南亚笼罩在一种紧张和动荡的气氛中。

中国是南亚最大的邻邦,南亚对中国的影响至关重要,该地区的稳定与否甚至会对中国整个周边环境产生影响。作为外部因素,印巴两国关系对中国西南边境地区的稳定和平影响最为直接也最大。印度和巴基斯坦长期以来相互敌视,克什米尔问题悬而未决,常常导致两国陷入危机,两国之间彼此疑虑,都视对方为本国最大的危险,两国之间政治互信低,这些矛盾都是历史的积延,解决起来有很大困难。

印巴之间的矛盾和隔阂是历史积淀的产物,解决起来有很大困难,也不可能在短时间内得到解决。中国是南亚最大的邻国,印巴关系无疑最先对中国产生影响,中国应该通过与印巴两国的沟通和协商确保该区域不会发生影响区域安全的重大事件。中国也已经就重大问题积极开展与印巴双方的沟通,加强中国在该区域的影响力。加强与印巴之间的沟通和合作,努力使得印巴双方通过沟通和协商解决两国分歧,而不是使矛盾扩大升级甚至发生武装冲突,有利于中国西南边境的稳定发展,符合中国的国家利益。

(二)南亚的海域对中国海洋战略发展至关重要

南亚次大陆南侧广袤的海域就是印度洋,由于其独特的地理位置,印度洋越来越受到大国的关注,成为各国争相角逐的战略要地。印度洋是连接大西洋和太平洋的交通枢纽,波斯湾是全球产油最多的地区,其周边国家有全球著名的产油大国,印度洋是该区域石油等能源往外运输的必经之地,各国的能源往来绝大部分都是通过印度洋来完成的。

印度洋的地理位置决定了它对中国会产生重要影响,并且随着时间的推移,这种影响会越发显见。印度洋作为海上石油运输通道有着攸关国家经济发展的作用。中国在崛起过程中,不仅需要与世界各国加强经贸往来,而且对能源的需求也越来越大,这两者都需要通过海上运输来实现,因此,印度洋是中国重要的海洋运输通道。印度洋—马六甲海峡—南海航线是中国海上贸易航线的咽喉,是我国经济发展的一条"生命线"。在这其中,尤其以马六甲海峡为重。马六甲海峡位于马来西亚、印度尼西亚和新加坡之间,从新加坡到马来西亚的安顺长约300海里,整个海峡东窄西宽呈漏斗状,平均宽度约30海里。马六甲海峡之所以有这样重要的地缘战略地位,是因为它是太平洋和印度洋之间最短、最经济和最便捷的海上航线。由于中国和印度洋地理上的接近,从地缘战略上来说,印度洋对中国有着巨大的战略价值。能源安全已经成为各国重点考虑的问题,因此也更加凸显了印度洋的战略地位。对于经济全球化背景下的中国来说,在经济快速发展的同时能源安全也成了越来越重要的议题。现代化经济发展和建设都是在消耗巨大的石化能源的基础上来完成的,石油等能源供应一旦发生危险,就会导致国家经济的震荡,对国家经济发展产生不利影响。

在印度洋问题上,中国应该更加积极地开展与巴基斯坦的合作。巴基斯坦在印度洋这一议题上和中国有巨大的合作潜力,中巴在这一方面有共同利益,中巴之间已经开展了多项合作,比如中国帮助巴基斯坦修建港口等。在未来,中国应加大与巴基斯坦在其港口和印度洋方面事务上的合作,通过巴基斯坦逐步向印度洋进行力量渗透,这具有重要的现实意义和战略价值。

由于中国和印度之间还未解决边界问题,两国在一定程度上都视彼此为竞争对手,甚至是潜在敌人。从传统安全角度来说,中国在印度洋区域控制的加强势必会造成印度在该区域控制的减弱,中国向印度洋的积极进发会对印度造成负面影响,因此在这一问题上指望与印度开展合作是不现实的,印度不仅不会合作,还会千方百计地加以阻碍。

(三)与南亚的合作有助于中国实现和平崛起

中国虽然不是南亚国家,但是是南亚最大的邻国,中国的一言一行或多或少地会对南亚产生影响。中国发展同南亚国家之间的政治、经贸合作关系,在逐步深化政治互信和加强经贸合作的过程中,与南亚国家之间的关系也越发紧密。保持南亚地区的和平稳定,保持中国与南亚国家之间稳定的友好关系,符合中国的利益。一个矛盾重重、危机四伏的周边环境会给国家的生存和发展带来严重威胁,而和平安宁的周边环境则有利于国家的长治久安和健康持续的发展。

虽然中国同印度有过矛盾和摩擦,但这并没有对双边关系造成严重影响。近年来,中印之间经贸往来增加,不断深化合作,有利于中印关系的平稳发展。中国同巴基斯坦关系发展良好,双方在政治、军事等方面互信不断增加,中巴友谊的稳定和加深对于维护中国在南亚的战略利益具有重要作用。中国同南亚其他国家之间的往来交流也逐渐增加,这对于扩大中国在南亚的影响力也有贡献。中国未来南亚战略需要关注的是外部力量的介入,中国应该继续加强与印巴为主的南亚国家的关系,维护本国在南亚的利益。

印度和巴基斯坦作为南亚最大的两个国家,其双边关系一直是南亚地区局势的最重要影响因素。由于印度和巴基斯坦之间的历史关系,中国与印巴之间的关系,使得中、印、巴三国形成一个特殊的三边关系,在这个三边关系中,无论哪两个国家之间关系发生变化,都会或多或少地给另外一个国家与它们之间的关系产生变化。国家的生存和发展与周边地缘安全环境关系极为密切,任何国家都十分重视与邻国的关系。

南亚国家中,印度无疑是最强大的国家,从政治经济到军事各领域,印度都领先南亚其他各国,因此,印度对南亚国家的影响力也是最大的。中国在处理与南亚国家之间关系的时候,很大程度上是处理与印度的关系。中印关系从两国建交到现在经过曲折发展,从相互敌视到怀疑,再到友好相处经历了漫长的时期。虽然中印关系之间许多问题仍然没有得到解决,但是经过半个世纪的相互交往,中印之间也形成了一定的互信,双方增加了对对方的了解,在国际事务和地区事务中政治互信和交流增多,印度对中国崛起的担忧减少,双边关系取得发展。

从地缘政治因素来讲,中印是相互毗邻的国家,也是世界上强大的经济体,两国的战略目标不免会有冲突,矛盾不可避免。中国和印度到目前为止还存在领土争端,领土问题作为传统安全问题依然存在于中印关系中。领土是国家的核心利益,中印之间的领土争端是历史遗留下来的问题,这个问题曾经导致 20 世纪 60 年代的中印的边界武装战争,战争之后依然没有得到解决。进入 21 世纪以来,随着经济全球化和政治一体化的迅猛发展,中印两国都意识到发展本国经济的重要性,因此双方在领土问题上逐渐缓和,但这并不意味着各自放弃已有的立场。在国家核心利益的领土问题上,中国的立场是鲜明的,不会放弃和交出任何一寸属于中国的土地。领土争端使得中国和印度都对对方怀有疑虑,并且印度在中印边界争议地区布置大量兵力和武器装备,使得中国不得不对其行为采取应对措施。

中国加强与南亚国家之间的友好合作关系，不仅有助于消除印度对中国的疑虑，还能通过经贸往来实现互利共赢。因此，中国应该积极推进南亚战略的开展，维持并增强在南亚国家中的影响，保护西南边陲和平安全的环境。

参考文献

[1] 南亚.[2017-03-15]. https://baike.baidu.com/item/%E5%8D%97%E4%BA%9A/7416349?fr=aladdin#2_1.

[2] 杨建华.世界军事地理概览.北京:军事科学出版社,2010.

[3] 邓伟.南亚地理:资源与环境.成都:四川科学技术出版社,2016.

[4] 冯传禄.南亚地缘政治格局及地区形势论析.[2017-06-15]. http://www.doc88.com/p-2069645417115.html.

[5] 高彪.冷战后中国的南亚战略研究.[2017-03-15]. https://www.docin.com/p-768013543.html.

（作者系国防科技大学国际关系学院教授）

"一带一路"背景下中老
安全合作回顾与展望

杨 玙

摘要:"一带一路"倡议提出以来,老挝积极响应并参与"一带一路"建设,中老全面战略合作伙伴关系迎来新发展。本文主要从两国安全领域合作入手,梳理并评价中老安全合作关系发展,指出中老安全合作基础牢固、潜力巨大、势头良好,但也存在结构性差异明显、安全风险挑战增多以及人才资源短缺等不容忽视的问题。两国发展战略的进一步对接,必将对中老安全领域合作发展产生积极影响,亦将为地区安全做出更大贡献。

关键词:"一带一路" 安全 中老合作

2013年9月和10月习近平主席提出建设"新丝绸之路经济带"和"21世纪海上丝绸之路"的合作倡议以来①,老挝作为中国—中南半岛国际经济合作走廊上的支点国家,积极响应"一带一路"倡议,参与和推动"一带一路"对接老挝"变陆锁国为陆联国"战略②。两国携手打造牢不可破的中老命运共同体,为推动中国—东盟关系和东亚合作发挥了重要作用。中老全面战略合作伙伴关系建立在深厚绵长的传统友谊基础上,政治互信不断加深,各领域互利合作成果丰硕,促进了各自国家社会主义和党的建设事业,给两国人民带来了实实在在的利益,也为维护地区乃至世界和平、稳定与发展做

---

① 陈积敏. 正确认识"一带一路". [2019-12-22]. http://theory.people.com.cn/n1/2018/0226/c40531-29834263.html.
② 中老联合声明. [2019-12-22]. http://xinhuanet.com/world/2017-11/14/c1121956391.htm.

出了积极贡献。

中国和老挝社会制度相同、理想信念相通、发展道路相近、前途命运相关、友好关系源远流长,虽然两国体量差距较大,但合作的基础牢固、潜力巨大、势头良好,在"一带一路"建设中,中老在"五通"(政策沟通、设施联通、贸易畅通、资金融通、民心相通)领域的合作进展顺利①。上述领域的合作离不开安全方面的保障,两国在安全领域的合作有着坚实的基础,为保障"一带一路"建设和老挝的经济社会发展做出了突出贡献。

一、现状与经验

安全是"一带一路"建设的根本保障。近年来,中老双方在共同安全、打造命运共同体方面成果卓著。军事和执法领域合作是中老双方安全合作的重要领域,也是"一带一路"背景下两国安全合作的主要内容。

(一) 军事领域合作

在军事领域,双方深度互信,合作基础牢固,两军各层级交往频繁,为增进双方了解互信,推动中老传统友好关系深入发展,维护两国边境安全稳定和地区安全提供了有力支撑。2015年4月,中央军委许副主席访问老挝,同年7月,老挝国防部部长森暖访华。2016年7月,老挝国防部部长占沙蒙访华。2017年9月15日至16日,中老两军首次高层会晤在老挝琅南塔省、乌多姆赛省和中国云南省勐腊县举行,中老两国国防部部长出席。2015年9月3日,老挝人民军代表队参加了中国人民抗日战争胜利暨世界反法西斯战争胜利70周年纪念活动的阅兵式。2017年7月,中国—老挝"和平列车—2017"医疗服务活动在老挝举行。2018年7月22日至8月7日,"和平列车—2018"在老挝开展两军人道主义医学救援联演联训及医疗服务活动期间,老挝南部阿速坡省水电站发生溃坝事故,受老挝国防部请求,并经中央军委批准,医疗队派出32人的医疗防疫小分队由演习转入实战,奔赴灾区执行医疗救援任务,成为最早抵达灾区的国际医疗队②。2019年6月5日至6日,第二届中老边境国防友好交流活动在中国勐腊和老挝南塔举行。此外,中老两军在政治工作、军事训练、医院和院校援建

---

① 陈积敏. 正确认识"一带一路". [2019-12-22]. http://theory.people.com.cn/n1/2018/0226/c40531-29834263.html.
② 中国—老挝"和平列车—2018"在万象开诊. [2019-12-22]. http://military.people.com.cn/n1/2018/0804/c1011-30209005.html.

以及军事人员培训等方面也开展了多种形式的务实合作,并在多边安全框架下相互支持。

(二)执法领域合作

在执法领域,双方在边境管控和执法能力建设,防范打击恐怖主义和毒品、网络电信诈骗、拐卖人口等跨国犯罪,保护对方国家人员和机构以及"一带一路"重大建设项目安全,湄公河流域执法安全合作机制框架下的各领域不断深化安全合作。2011年湄公河"10·5"中国货船遇袭事件发生后,在中老警方的合作下,特大武装贩毒集团首犯糯康于2012年4月25日在老挝波乔省被成功抓获,"10·5"案告破;2011年12月,中老缅泰四国正式开展湄公河联合巡逻执法,截至2019年6月,四国执法部门已成功开展83次联合巡逻执法行动(每月一次);2017年12月28日,澜沧江—湄公河综合执法安全合作中心在昆明正式启动,标志着澜沧江—湄公河流域第一个综合性执法安全合作政府间国际组织正式启动运行,有力维护了湄公河流域的安全稳定;2016年1月和6月,中老警方密切配合,两次成功从老挝遣返参与电信网络诈骗的嫌疑人共计512人,其中,"12·22"特大跨国电信网络诈骗案是近年来中国公安部组织侦破的最大一起跨国电信网络诈骗犯罪案;中老警方还于2016年9月13日首次在中国云南省西双版纳州举行代号为"云岭利剑—2016"的联合反恐演练;2018年5月13日,中老两国公安部首次执法合作部级会晤在万象举行,双方就执法安全领域合作进行了深入交流,达成了广泛共识①。

此外,老方在南海问题、台湾问题等涉及中方核心利益的重大问题上坚定支持中方立场,可以说,两国在上述领域友好合作关系的不断深化,为维护各自国家安全和发展利益以及地区和平稳定做出了积极贡献,同时也为"一带一路"建设顺利实施提供了根本保证。

二、困难与挑战

"一带一路"背景下,中老安全合作在取得成绩的同时,也存在一些困难和挑战。由于两国国情、发展程度不同,虽双方有互补优势,但一些结构性的差异也是客观存在

---

① 陈定辉. 老挝:2016年回顾与2017年展望. 东南亚纵横,2017(1):19.

的。同时,随着社会经济的发展和开放程度的增加,由此带来的安全风险挑战也日益增多。

(一) 对外政策决策不易

在对外政策层面,一方面,老挝作为小国,在全球化条件下,难免会有夹缝中求生存的感觉,对外关系中不可避免要考虑到平衡与各大国关系的问题,可以说,地区和国际环境影响是中老关系发展无法回避的问题;另一方面,老挝与中国相比体量差距明显,发展相对落后,与中国的合作主要还是以依靠中国为主的方式进行,这种不对称的状况在一定时期内还将成为常态,而安全问题又是主权国家的核心问题,在国家关系中处于最为敏感的位置,因此,如何妥善处理好两国间安全合作问题,考验的是双方领导人和高层的决心与智慧。

(二) 基础设施不够完善

在基础设施层面,两国边境地区基础设施相对落后,发展缓慢。基础设施的不完善客观上也制约了两国安全合作的发展,交通、通信及电力等基础设施建设还需要加大力度。此外,随着"一带一路"建设在老挝的深入推进,水电站、高速公路(铁路)、机场等一系列大型基础设施项目即将建成运营,如何加强合作共同保护这些大型设施项目的安全,也是两国政府在安全合作中应当提前思考的问题。

(三) 打击犯罪任务加重

在打击犯罪层面,近年来不断增多的非法移民、毒品、洗钱、抢劫和恐怖主义威胁等问题已经成为影响中老安全稳定的新挑战。据统计,近年来发生在老挝及中老边境地区的贩毒案件呈上升趋势,由此带来较多安全问题;武装袭击并造成中国公民死伤的事件时有发生。随着中老经贸、旅游、教育等领域合作的不断深化,在老挝生活、旅游、学习的中国人也越来越多,中国游客赴老挝旅游的人数呈急剧增长的趋势。据统计,2017年两国旅游来往规模已接近100万人次[①]。如何更好保护两国人民的生命财产安全不受侵害,是两国执法部门在合作中需要认真思考的问题。

(四) 灾害应对尚需经验

在应对灾害层面,老挝地处中南半岛内陆,属热带雨林气候,自然灾害相对较少,但

---

① 李进,杨艳明.21世纪以来中国与老挝关系的发展.东南亚纵横,2016(4):15.

由于生态环境的变化,近年来老挝的自然灾害有频发、多发的趋势。特别是水灾带来的影响非常之大,仅2018年7月23日发生在老挝南部阿速坡省水电站溃坝事故,就造成了35人死亡,99人失踪,约1.3万人受灾;北部山区的公路和基础设施也经常受到暴雨、泥石流等的破坏和威胁;此外,由于医疗水平和卫生防疫条件相对较差,疟疾、登革热等热带病以及禽流感、新冠肺炎等流行性疾病也时刻威胁人们的生命。如何快速应对灾害带来的影响,给两国救援力量方面的合作带来了新的挑战。

(五)人力资源亟待培养

在人力资源层面,中老两国安全合作的开展需要大量的各领域优秀人才,而人才短缺是制约中老安全合作发展的一大重要因素。在"一带一路"建设引领下,两国的合作更加深入,对于掌握对方语言、了解对方文化的人才,以及相关领域的专家、技师和熟练工人的需求增大,而人力资源的开发培养是一个相对缓慢的过程,周期相对较长,这就需要两国政府不断增加基础教育和人才培养投入,长远规划,以满足双边安全合作发展对人才的需求。

此外,不时兴起的"中国威胁论"以及南海、东海、台湾等问题也会给包括安全合作在内的中老全面战略合作伙伴关系带来影响和挑战[①]。

三、未来展望

"一带一路"合作倡议提出以来,老挝积极参与"一带一路"建设。在"和平合作、开放包容、互学互鉴、互利共赢"的丝路精神指引下,可以预见,未来中老合作的范围将不断扩大,合作领域将更为广阔。双方高层将继续保持互访的优良传统,保持良好的政策沟通,对涉及双方核心利益的重大问题和地区、国际问题及时交换意见,引领和指导新时期中老关系发展。中国"一带一路"倡议同老挝"变陆锁国为陆联国"战略对接的形成将极大推动中老基础设施互联互通和中老经济走廊建设的步伐,为中老两国在投资、贸易、金融、安全等领域的合作提供基础性保障。

可以预见,中老两国安全合作将进一步深化,中老两军将继续保持高层互访,深化教育训练、边防交往、联合演练、多边安全等领域的务实合作,为各自国家安全与发展

---

① 宏爱国.浅析老挝与中国外交关系的影响因素.当代经济,2017,11(32):20.

提供坚强保障；中老两国执法部门将进一步加大在维护国家安全，反恐，禁毒，追逃追赃，打击网络赌博、电信诈骗、非法出入境等方面的合作力度，继续深化湄公河执法安全合作，加强中老铁路建设等"一带一路"重大项目安保合作，健全双方地方公安机关警务合作机制，不断扩大务实合作规模水平，携手应对风险挑战，共同打造中老执法安全命运共同体，推动中老全面战略合作伙伴关系迈上新台阶。两军和两国执法部门在双边和多边舞台上的务实合作，将为维护两国边境安全稳定和地区和平做出新的积极贡献。

总之，在中老两国元首的战略指引和中老两党的坚强领导下，在好邻居、好朋友、好同志、好伙伴精神的影响下，中国的改革开放和老挝革新事业一定会取得新的更大成就，长期稳定和高度互信、互助、互惠的全面战略合作伙伴关系将更加稳固，共同打造牢不可破的具有战略意义的命运共同体目标也将逐步实现。互利共赢的中老合作关系将为两国人民带来实实在在的合作红利，也将为两国社会主义事业的兴旺发达和人类和平与发展做出新的更大贡献。

（作者系国防科技大学国际关系学院讲师）

浅析"一带一路"倡议下的中越关系

黄 桎 王旭骥

摘要：21世纪,各国为了争夺供应链,可谓群雄逐鹿。在这场角逐中,中国围绕着"一带一路",启动了一系列连接全球各大市场的基础设施投资建设,打造供应链,实现了同包括越南在内的东南亚各国在资源、生产、服务和消费上的连接。越南到2030年要实现人均收入18 000美元,进入高收入国家行列的目标。为此,它必须通过加快国际融入进程,将自己的"两廊一圈"项目与中国的"一带一路"倡议(BRI)对接,达到大力促进国内经济社会发展的目的。与此同时,美国也试图通过提升越南的经济和防务能力来平衡中国在印太地区日益增长的影响力。实际上,从地缘政治和军事安全角度来看,越美两国相互间都有着现实利益需求,暂时在很大程度上超越了意识形态上的对立,但这并不意味着它们之间的"化敌为友"是以"联合制华"为基础的。

关键词：中越关系 一带一路 两廊一圈 基础设施互联互通

中国在全球地缘政治和地缘经济博弈中,已经有了非常清晰的发展思路。"一带一路"倡议从2013年9月提出到2019年4月第二届"一带一路"国际合作高峰论坛,按计划完成了两年前形成的279项成果清单,拓展了中国与包括越南在内的东南亚各国的经济合作,并将为中国和东南亚国家间的经济发展提供持续的动力。

从越南的地缘格局上来看,其周边安全环境相对宽松。通过数百年来的开疆拓土,越南将昔日的占婆国和柬埔寨的水真腊纳入自己的版图,形成了今天"一根扁担挑两个箩筐"的领土形状。虽说缺乏战略纵深,但漫长的海岸线给越南提供了诸多便利贸易的优良港湾。作为中国与东盟合作的重要支点,越南发挥着促进中国与东盟合作的桥梁作用。越南提出 2030 年基本建成现代工业国家,深入参与全球价值链,工业跻身东盟前三的战略目标。为此,它对旨在促进经济要素有序自由流动、资源高效配置和市场深度融合的"一带一路"倡议表现出浓厚的兴趣。而中国与越南在"一带一路"框架下的合作对巩固东盟成员国对"一带一路"倡议的共识,对拓展中国—东盟合作空间将会起到很好的示范作用。同时,越南的"两廊一圈"发展规划与中国"一带一路"倡议的对接也会在东盟国家中形成一个比较好的样本。

一、中越合作空间巨大

作为一衣带水的近邻,中国与越南在各自的民族独立和建设事业中曾相互支持和帮助,有过良好的政治互信。2015 年 11 月,时值中越建交 65 周年之际,习近平主席对越南进行了国事访问。2017 年 1 月 12 日,阮富仲总书记也对中国进行了越共十二大连任后的首次访问。中越两国的高层互访表明了两国领导人对双边关系的高度重视以及中越关系在各自外交中的重要性。在上述两次领导人会晤中,双方一致同意秉持"长期稳定、面向未来、睦邻友好、全面合作"的"十六字"方针,推动中越全面战略合作伙伴关系持续健康稳定发展。双方同时表示要开展"一带一路"与越南"两廊一圈"的战略对接,提高两国互联互通水平,鼓励和促进两国投资和经贸合作。

(一)经济互补性强

由于中越两国目前正处于各自不同的发展阶段,有着差异较大的生产要素结构,经济的互补性日趋明显。首先,中国有充足的资金、先进的技术和装备以及可供越南借鉴的管理经验。越南自 1986 年革新开放,2006 年加入 WTO,改善营商环境,利用廉价土地和劳动力资源对外"招商引资",现在又进行股改等等,都是在一步步复制中国的经济模式[①]。其次,中国正逐渐从世界工厂转变成世界市场,将为越南经济和社会发展提供驱动力。2020 年,越南对中国出口额达 489 亿美元,从中国进口额达 841 亿美元,同比增长 13.8%[②];按国别,中国再次成为越南仅次于美国的第二大出口市场。最后,越南对中国在基础设施、能源、金融、电信、技术等领域的海外项目需求量巨大。越南政府总理阮春

---

① 越南经济或将成新"玻璃七国",外媒:越南经济或正成"牺牲品". (2019-03-14)[2019-05-19]. http://www.axtoutiao.com/v254743.
② 2020 年中越贸易持续增长. (2021-01-18). [2021-02-01]. http://www.comnews.cn/article/international/202101/20210100068650.shtml.

福2019年4月在参加第二届"一带一路"国际合作高峰论坛期间,会见了阿里巴巴、华为、中兴通讯、中国铁路工程集团、太平洋建设集团、中国能源建设集团、国家开发银行、平安保险集团等实力雄厚的中国企业代表,希望中国的领军企业能够参与到越南的基础设施、能源、技术、金融银行等领域的投资和建设中,越南政府将为拥有先进技术和财政能力的中国企业在越南开展互利共赢的合作项目创造便利条件①。

而越南的优势在于：首先,它拥有整个东南亚地区最年轻最具活力的人口结构,15—64岁人口占比约为69.3%,且劳动力低廉,素质高。这意味着越南既有丰富的劳动力,也有着潜力无限的国内市场。其次,它的营商环境相对自由。1987年12月29日以来,越南国会多次修改《越南社会主义共和国外国在越南投资法》。这大大方便了外商投资越南本土的企业,也就是说,除了银行、电信等特殊行业,外资可以在越南较为健全的法律基础上随意地控股,甚至可以全部持有越南本土企业的股份②。最后,低关税低税率成为越南市场最大的竞争优势。迄今为止,越南签署了包括《英国—越南自由贸易协定》(UKVFTA)、《越南与欧盟自由贸易协定》(EVFTA)和《区域全面经济伙伴关系协定》(RCEP)在内的十几个自由贸易协定。尽管越南与美国之间尚未签署FTA,但美国对越南的纺织品进口配额在逐年增加。此外,越南也是《跨太平洋伙伴关系协定》(TPP)以及《全面与进步跨太平洋伙伴关系协定》(CPTPP)的成员国。在全球贸易体系碎片化、发达国家贸易保护主义明显加剧的背景下,在越南投资建厂,可以有效规避发达国家的贸易壁垒。深圳的《证券时报》记者2019年4月对越南的河内市、海防市、胡志明市等3个直辖市以及海阳省和隆安省等进行实地调研后发现,出口零关税和低税率已成为中资企业投资越南的关注重点。健盛集团越南公司总经理吕建军表示,从越南出口欧、美、日的纺织品,很多都是零关税,省下的关税就都是利润。可见,越南已形成了相对庞大且成熟的自由贸易体系,中国企业为规避贸易壁垒加大对越投资已渐成趋势。除了低关税外,越南本土的税收优惠政策也不容小觑。位于越南南部隆安省的华孚(越南)实业独资有限公司,就在享受越南给予的"四免九减半"税收优惠③。显然,在双重政策激励之下,产业

---

① 越南政府总理阮春福会见中国领先企业代表.(2019-04-25)[2019-05-19]. https://zh.vietnamplus.vn/%E8%B6%8A%E5%8D%97%E6%94%BF%E5%BA%9C%E6%80%BB%E7%90%86%E9%98%AE%E6%98%A5%E7%A6%8F%E4%BC%9A%E8%A7%81%E4%B8%AD%E5%9B%BD%E9%A2%86%E5%85%88%E4%BC%81%E4%B8%9A%E4%BB%A3%E8%A1%A8/95043.vnp.
② 5 339亿！越南出口大增,外资占7成！这个全球制造业宠儿,终能走多远?.(2019-05-07)[2019-05-19]. http://dy.163.com/v2/article/detail/EEIO4KHS0519X0MH.html.
③ "四免九减半",按照越南政策,对于投资额达到3亿美元,或者年销售额达到5亿美元,或者提供就业岗位3 000人以上的企业,实行头4年免税,随后9年减50%的特殊税收优惠政策。

跨国转移的热情大大提升,特别是以出口美国市场为主的中资企业更为明显。从越南出口统计来看,2019年一季度美国是越南最大的商品出口国,出口总额达130亿美元,同比增长26%。来自贸易数据公司Panjiva的分析报告显示,从行业来看,美国零售商家具、家电和轮胎等商品,由中国向越南转移订单的情况比较明显。如家得宝、宜家家居等零售商从中国进口家具减少13.5%,而由越南进口攀升37.2%;汽车轮胎方面,美国从中国进口减少28.6%,而从越南进口暴增141.7%[①]。

(二)两国已有的合作机制和对话平台是双边合作的制度保障

作为当今世界最活跃的两个经济体,中国和越南近年来一直保持着较快的发展速度。中国已连续十多年成为越南的最大贸易伙伴,而越南也是中国的第六大贸易伙伴、第五大出口市场和第八大进口来源地。双方维持经常性的合作机制和对话平台有助于及时解决两国在包括经贸在内的各个方面存在的问题,推动两国合作朝着更加均衡和可持续方向稳步发展。

截至目前,中越两国已有大湄公河次区域经济合作机制、中国—东盟(10+1)机制、亚太经合组织、中越双边合作指导委员会、基础设施合作工作组、金融与货币合作工作组、海上共同开发磋商工作组、中越经贸合作委员会等。它们是中国和越南在"一带一路"倡议下开展双边合作的重要机制和平台。

二、互联互通进展明显

越南是"一带一路"近70个沿线国家和地区中唯一一个与中国海陆相连的国家。陆上与中国广西、云南接壤,共同边境线长达1 300千米;海上在北部湾及湾口外与中国广西、海南存在重叠海域,是中国西南出海通道的必经之地。早在2004年5月,越南时任总理潘文凯访华时就曾向中方提出共建"两廊一圈"倡议。它涉及中越10个沿海地区。越南希望通过"两廊一圈"建设拉动经济发展,但当时的条件尚不成熟。随着9年后"一带一路"倡议的提出并与"两廊一圈"成功对接,中越两国的双边合作出现了喜人的变化。迄今为止,中方按照"企业为主、政府推动、市场化运作"的原则,充分运用优惠贷款、专项贷款等融资渠道积极参与越方铁路、公路、电站、桥梁等基础设施建设,并取得诸多务实

---

① 出口"零关税"和低税率:越南引资,中国资金占半数.(2019-04-18)[2019-05-19]. http://www.sohu.com/a/308687049_368281.

成果。目前较具代表性的项目有"三高两铁三桥"、河内轻轨二号线(吉灵—河东)项目和老街—河内—海防标准轨铁路项目。

(一)"三高",是指中越合建的三条高速公路

一是"南宁—凭祥(友谊关)—谅山—河内高速公路",其中南宁—凭祥路段已建成通车,越南河内—凭祥路段全长约153千米,分三段实施。河内—北江段、北江—谅山段在建,谅山—凭祥段正在开展施工招标。二是"南宁—东兴—芒街—下龙—河内高速公路",其中广西南宁—东兴高速公路已建成通车,越南境内云屯—芒街段目前正在招标,该项目设计长96千米,4车道,预计一期投资3.82亿美元,工期48个月。其余路段均在建或已建成通车。三是"百色—龙邦—高平—河内高速公路",其中广西百色—靖西段和靖西—龙邦段均已建成通车,越南境内全线正在推进规划和建设工作①。

(二)"两铁",是指中越合建的两条铁路

一是"南宁—凭祥(友谊关)—同登—河内铁路",其中中国境内南宁—凭祥路段扩能改造已初步纳入国家铁路发展"十三五"规划,2017年开工建设,并适时延伸至凭祥。越南境内河内—同登段已纳入越南国家铁路网规划。二是"防城港—东兴—海防—河内铁路",其中中国境内段已按照双线250千米/时标准编制完成科研修编,2017年开工建设;越南境内芒街—下龙段已纳入越南国家铁路网规划②。

(三)"三桥",是指中越合建的三条桥梁

一是"中越北仑河二桥",该桥位于中国广西东兴市与越南广宁省芒街市交界的北仑河上,全长618米。其中,该桥中方段463.5米项目已于2016年12月25日完成竣工验收。越方段154.5米项目也于2017年9月13日完成竣工验收。全线按一级公路标准建设,设计时速为60千米,桥面总宽27.7米,按4车道+2辅车道布置。中越双方投资估算2.2亿元人民币,其中中方投入1.8亿元人民币。北仑河二桥的建成通车是中越两国务实合作的一项成果,对于改善口岸出入境交通条件,促进中国—东盟自贸区、中越"两廊一圈"合作以及东兴芒街经合区建设都具有十分重要的意义③。二是"水口—驮隆二

---

① 两会召开"推动共建一带一路",越南是重要合作对象. (2019-03-07)[2019-05-19]. http://hominggloble.com/index. php? s=/HotNews/detail/cid/1/id/275. html.
② 两会召开"推动共建一带一路",越南是重要合作对象. (2019-03-07)[2019-05-19]. http://hominggloble.com/index. php? s=/HotNews/detail/cid/1/id/275. html.
③ 好消息!中越北仑河二桥正式建成!. (2017-09-13)[2019-05-19]. http://www. sohu. com/a/191826311_678687.

桥",该桥位于中国广西水口口岸与越南驮隆口岸交界的洞桂河上,全长433.5米,计划投资1 820万元人民币,工期两年;起点接中国境内国道219线沿边公路K375,终点接越南境内3号国道,全线采用一级公路建设标准,双向4车道。该桥中方侧已于2017年5月开工建设①。三是"峒中—横模大桥"维修改造工程。该桥位于中国广西防城港和越南平辽县之间,是一座常年漫水小桥,桥梁计划投资684.9万元人民币,其中中方投资466.5万元人民币,越方投资218.4万元人民币。按计划,中方侧已于2016年5月开工建设,越方侧于2017年1月开工建设,整个项目工期约为一年②。

(四) 河内吉灵—河东线城铁

这是越南国内第一条城市轻轨,也是中越"一带一路"和"两廊一圈"重点合作项目。城铁全长13.05千米,调整后的投资总额为8.68亿美元,并获得中国进出口银行"两优"贷款的资金支持。该项目由中铁六局采用中国技术和标准以工程总承包(EPC)形式承建,工程于2011年10月开工建设,2016年10月工程全线架梁合龙,"2018年9月20日上午实现全线试运。据悉,每列轻轨有4节车厢,可容纳约1 000名乘客,平均时速为32千米,全程12个站,运行时间25分钟"③。

(五) 越南老街—河内—海防标准轨铁路

老街—河内—海防标准轨铁路线路全长381千米,预计项目总金额约43.78亿美元,为复线全电气化标准轨铁路④。经过相关调研,中铁五院已就该标准轨线路编制了规划报告,其中包括老街(越)—河口(中)连接线,确定了越南—中国铁路新接轨点以及连接河内和海防港的枢纽铁路线路。2019年3月1日,中铁五院院长仇湘还亲赴越南的河内参加老街—河内—海防标准轨铁路规划中期汇报会议。越南交通部、越南铁路总公司、铁路项目管理委员会等单位和部门在该项目的推进过程中均给予了大力的支持和帮助。当日,仇湘还前往越南铁路局拜访了武光魁局长;双方共同研究了老街—河内—海

---

① 吴丽萍,吴君馨. 中越水口至驮隆二桥开工. (2017-05-25)[2019-05-19]. http://www.xinhuanet.com/local/2017-05/25/c_129618176.htm.
② 中越两国共同维修改造峒中—横模口岸桥. (2016-05-30)[2019-05-19]. http://gx.people.com.cn/n2/2016/0530/c179430-28426481.html.
③ 越南河内吉灵—河东线城铁项目实现全线试运. (2018-09-20)[2019-05-19]. https://cn.nhandan.org.vn/photo-news/photo-news-affairs-foreign/item/6435601-%E8%B6%8A%E5%8D%97%E6%B2%B3%E5%86%85%E5%90%89%E7%81%B5%E2%80%94%E6%B2%B3%E4%B8%9C%E7%BA%BF%E5%9F%8E%E9%93%81%E9%A1%B9%E7%9B%AE%E5%AE%9E%E7%8E%B0%E5%85%A8%E7%BA%BF%E8%AF%95%E8%BF%90%EF%BC%88%E7%BB%84%E5%9B%BE%EF%BC%89.html.
④ 老街—河内—海防铁路项目. (2018-11-11)[2019-05-19]. http://www.cnzsyz.com/yazhou/info/368281.html.

防铁路规划优化方案,并就进一步加强合作达成共识①。

三、构建利益链推两国灵活务实的伙伴关系

近年来,随着中越两国高层的频繁互访,在管控分歧的前提下,政治互信得到了进一步加强,两国关系在贸易、投资、跨境合作等领域不断向纵深发展。基础设施的互联互通带来了资金融通的便利和双边贸易额的激剧放大,尤其是在投资领域,设立跨境经济合作区和建设工业园区,使"一带一路"框架下的双边合作取得了显著成果。

(一)双边贸易额不断攀升

2018年,中越两国贸易额达1 067亿美元,比2013年9月"一带一路"倡议提出时的贸易额501亿美元增长了113%;同时,中国也成为越南在全球的首个破千亿美元的贸易伙伴。早在2016年,越南就首次超越马来西亚成为中国在东盟的最大贸易伙伴;2020年,中越两国双边贸易额达1 330.9亿美元,同比增长13.8%②;中国连续15年成为越南第一大贸易伙伴。越南经济对中国的依赖日趋明显。

此外,从两国进出口商品的种类来看,2018年越南出口到中国的主要是电子产品以及农林产品,而中国出口到越南的产品多以机械设备、工业材料为主。中越贸易发展到今天呈现以下三个特点:一是两国贸易结构不断优化,资本和技术密集型产业已逐渐取代农副产品、初级工业制成品、矿产原料,成为双边贸易的主力产品,双方合作不断向广度和深度拓展。二是越南经济对中国大型机械设备的依赖程度较为明显。据不完全统计,由于基础设施不足和缺乏技术工人,越南的农业机械约有60%来自中国;在2018年,仅机械设备一项就进口了百亿多美元③。三是中越贸易的主要增长动力越来越明显地来源于加工制造业(2020年实现370.7亿美元,增长20.06%)和建材业(2020年实现31.2亿美元,增长104.09%)等,而越南的传统农产品因部分质量问题和受疫情影响,2020年对华出口额仅68亿美元,同比还下降了3.3%。

---

① 仇湘赴越南参加老街—河内—海防标准轨铁路规划中期汇报会.(2019-03-04)[2019-05-19].http://t5y.crcc.cn/art/2019/3/4/art_5819_2854171.html.
② 2020年中越贸易持续增长.(2021-01-18)[2021-02-01].http://www.comnews.cn/article/international/202101/20210100068650.shtml.
③ 中越贸易额突破7 230亿元人民币?看看越南出口到中国产品是什么.(2019-01-20)[2019-05-19].https://www.sohu.com/a/290306801_402008.

(二) 中国对越投资高速增长,投资结构优化升级

据越南计划投资部外国投资局代表近日透露,2019年前4个月,中国内地对越投资额超越了中国香港、韩国和新加坡等国家和地区,跻身各国家和地区对越投资榜首。其间,中国投资商的新注册资金为13亿美元,新批项目为187个。2019年上半年对越投资的中国大型项目有在西宁省的ACTR全钢轮胎制造项目和在前江省的前进轮胎(越南)有限责任公司(贵州轮胎股份有限公司全资子公司)项目,注册资金分别为2.8亿美元和2.14亿美元。仅4月份,中国流入越南的投资资金就达到了去年全年中资企业对越投资总额的70%。累积到2019年4月20日,中国对越南投资项目为2 300个,投资额达148.6亿美元,在对越投资的国家和地区中位居第七[①]。另外,中国对越南的投资领域也在发生变化,具备高科技、高附加值、环境友好型的企业开始逐步走进越南。目前,中国对越南投资和产能合作主要集中在以下四个平台。

1. 中越跨境经济合作区

2013年以来,中越东兴—芒街、凭祥—同登、河口—老街、龙邦—茶岭4个跨境经济合作区(简称"跨合区")开发建设稳步推进,其中尤以东兴—芒街跨合区与河口—老街跨合区建设发展最快。

2014年3月,广西东兴—越南芒街跨合区在投资、金融、基建等方面开始了全面推进工作。截止到2018年9月,中越北仑河二桥口岸联检设施正加快建设,跨合区的"两纵一横一环"路网也已初步成形。目前,跨合区正在按照"两国一区、境内关外、自由贸易、封关运作"的特殊管理模式和政策设计,为跨境金融、跨境商贸旅游、纺织服装、电子信息、机械制造、新能源、现代物流、保税加工、总部经济、大宗商品交易市场等产业提供理想优越的发展环境[②]。

云南河口—越南老街跨合区以中越互利合作的重要平台、"昆明—河内—海防"经济走廊的中心节点等为定位,将布局加工制造业、跨境商贸、国际金融、现代物流、跨境旅游、国际会展等6个方面的主导产业。跨合区河口中方园区于2014年4月开始启动基础设施建设。截止到2017年10月,首个在跨合区落地的云南惠科(河口)电子信息产业园

[①] 2019年前4个月中国企业对越南投资居榜首达13亿美元. (2019-04-27)[2019-05-19]. https://xw.qq.com/amphtml/20190427A03PKU00.

[②] 中国东兴—越南芒街跨境经济合作区(中方园区)开放合作平台效应加快显现. (2018-09-12)[2019-05-19]. http://www.sohu.com/a/253531094_732289.

项目生产线已正式投产并迎来首批越南籍工人;借助跨合区,惠科的电子产品可以通过越南进入欧美市场,且电价与劳动力成本均有竞争优势①。同时,越南政府也在积极推进跨合区建设,决定将老街口岸经济区面积调整至 159.29 平方千米,并将其作为越南 2016—2020 年国家财政优先投资发展地区②。

2. 中越新能源产能合作区

由江苏通州四建集团有限公司下属的越南富华责任有限公司 2013 年开发建设的中越新能源产能合作区,位于越南的北江省云中工业园区,距首都河内约 40 千米,是中国企业在海外最大的太阳能产业基地。截止到 2017 年 5 月,合作区已有 20 余家企业入驻,包括越南光伏、天合光能、晶澳太阳能等多家重头中资科技公司③,单个项目投资多在 1 亿美元以上,可以生产多种单晶、多晶电池片,主要出口欧美市场。光伏产业已成为中越"一带一路"与"两廊一圈"对接的新亮点。

3. 中越传统制造业产能合作区

由南方电网控股总投资约 20 亿美元的永兴燃煤电站一期项目,作为中国企业在越南最大的投资项目和首个电力建设—经营—转让(BOT)项目,2015 年 6 月在越南平顺省采用中国标准开工建设。项目两台 60 万千瓦机组计划于 2018 年 9 月和 2019 年 3 月并网发电,为越南南方各省提供每年 80 亿千瓦时的电力并创造大量的就业岗位④。天虹纺织,作为全球最大的包芯棉纺织品供应商之一,截至 2016 年 3 月底,已在越南南北部的同奈省、广宁省、太平省拥有三大生产基地和天虹仁泽、天虹银河等 7 家子公司,投资总额多达 11.72 亿美元⑤,使用的越南员工超过 12 000 人,是越南最大的纺织生产企业之一。2018 年 2 月,该集团又斥资 1.29 亿元人民币在越南广宁省海河区海河工业区⑥扩大再生产以满足欧美市场日益增长的需求。以上两个案例表明,在越南筹建传统制造业

---

① 岳晓琼. 河口跨合区里共谋开放. (2017-11-16)[2019-05-19]. http://yn.people.com.cn/n2/2017/1116/c372451-30929439.html.
② 金丹."一带一路"倡议在越南的进展、成果和前景. 搜狐网. https://www.sohu.com/a/235946847_444154, 2018-06-15,2018-06-15
③ 一带一路·好项目/中越产能合作示范园区:越南云中工业园. 新华社. http://www.xinhuanet.com//photo/2017-05/09/c_1120942981_2.htm,2017-05-09
④ 永兴燃煤电厂一期 BOT 项目开工建设. (2015-11-13)[2019-05-19]. http://energy.people.com.cn/n/2015/1113/c400015-27813796.html.
⑤ 中国银行与天虹纺织在越南签署逾 1 亿美元银团贷款. (2016-04-22)[2019-05-19]. http://stock.stockstar.com/SS2016042200004170.shtml.
⑥ 天虹纺织 1.29 亿拿下越南两块地. (2018-02-06)[2019-05-19]. http://www.sohu.com/a/221366338_418233.

产能合作区,既可以解决中国国内因产业转型升级带来的过剩产能问题,同时也能够有效改善双边贸易的不平衡。

4. 中越工贸综合服务平台

中越工贸综合服务平台主要以越南北部的"深圳—海防经贸合作区"(简称"深越合作区")和南部的"龙江工业园"为中心。2016年12月,深越合作区在越南海防市安阳县全面开工建设,总规划占地面积800公顷,投资总额达1.75亿美元,计划于2021年全部建成,届时预计吸引投资超过10亿美元,为当地创造3万个以上就业岗位。该合作区由深圳市深越联合投资有限公司具体建设和运营,重点面向代表中国制造、深圳智造的绿色环保科技企业招商,助力中国企业走出去,培育"国内总部+海外工厂"的本土跨国企业[1],是中国重点扶持建设的19个境外经贸合作区之一,同时也是中越两国领导人亲自见证、承诺推进的重要经贸合作项目。位于越南南部前江省的龙江工业园,占地约600公顷,截至2012年11月项目总投资1.05亿美元。该工业园是在越南时任总理阮晋勇的亲自批复下,由浙江前江投资管理有限公司于2007年6月投资开发的,是商务部2011年认定的首批国家级境外经贸合作区之一[2]。经过10年的发展,龙江工业园已经成为中越经贸合作的典范,也是为数不多的外国在越投资建设的大型工业园之一。截至2018年,已有36家企业入驻,创造就业岗位8 000个[3]。

(三)资金融通取得了积极进展

据2014年3月13日的《西贡经济时报》报道,世界银行和澳大利亚发展部门日前所做的有关"对越南基础设施援助的评价"的报告称:每年,越南基础设施建设所需资金为250亿美元,其中,国家及个人投资额160亿美元,资金缺口90亿美元。2016—2020年,越南基础设施建设所需资金为1 040亿—1 095亿美元。世界银行预计,越南财政、国企、国际官方发展援助(ODA)和政府债券等方面资金仅能满足50%的需求[4]。为解决资金缺口,阮富仲总书记于2015年4月出访中国,越南与中国正式成立基础设施合作工作组

---

[1] 杜艳,曲力.厉害了!深圳—海防经贸合作区一期年底完成建设.(2017-07-26)[2019-05-19]. http://sz.southcn.com/content/2017/07/26/content_175010207.htm.
[2] 中国国家级境外园区——越南龙江工业园欢迎您.(2012-11-07)[2019-05-19]. https://www.qianzhan.com/financing/detail/2/050bd6b52a1663f0.html.
[3] 金丹."一带一路"倡议在越南的进展、成果和前景.(2018-06-15)[2019-05-19]. https://www.sohu.com/a/235946847_444154.
[4] 中华人民共和国商务部.未来几年越南基础设施建设缺乏资金.(2014-03-15)[2019-05-19]. https://news.21food.cn/35/1363562.html.

和金融与货币合作工作组以推进两国间的金融合作。2017年,越南又与中国签署了关于共同实施"一带一路"和"两廊一圈"计划的合作文件,使中国加大了对越南高科技和环保项目的投资,同时也为越南获得中国的优惠贷款提供了便利。

此外,亚洲基础设施投资银行(简称"亚投行")、中国进出口银行(简称"进出口银行")和中国银行等多家银行长期致力于推动对越经济贸易合作,为越南工业化进程和经济社会发展做出了重要贡献,尤其是亚投行和进出口银行目前已成为中国两个主要的对越融资平台。

2015年6月29日,越南作为亚投行的第一批创始成员国在北京签署了《亚洲基础设施投资银行协定》,以便为今后的基础设施建设吸引更多的外国投资。2017年3月7日,亚投行行长金立群在河内与越南总理阮春福会谈时表示,亚投行愿向越南提供具有优惠条件的贷款以助其经济发展。如果越南能够获得国际社会的信任,亚投行也会提供私营部门无政府担保的贷款①。

作为长期致力于推动对外经贸合作的政策性银行,中国进出口银行2013年以来就是"一带一路"倡议的金融支持先行者。截至2016年底,进出口银行对越南批准了21个"两优"贷款(政府优惠贷款和优惠出口买方信贷)项目,涉及能源、电力、制造业、基础设施等领域,批贷金额超过20亿美元。中国的"两优"贷款是中国政府为帮助包括越南在内的发展中国家发展经济和加快工业化进程而提供的融资支持。为了推进云屯—芒街高速公路等基础设施互联互通合作,进出口银行提出可为该项目提供3亿美元优惠出口买方信贷②。2017年5月11日,进出口银行董事长胡晓炼与越南财政部副部长武氏梅签署了越南河内轻轨二号线项目追加援外优惠贷款协议③。

四、问题和建议

从最新的数据来看,中越两国经贸关系已取得长足发展,两个经济体在"一带一路"与"两廊一圈"的对接过程中已深度融合,一些经贸问题正得到解决,比如,越南方面一直

---

① 金立群表示亚投行愿提供优惠贷款助力越南发展经济. (2017-03-17)[2019-05-19]. http://finance.sina.com.cn/roll/2017-03-17/doc-ifycnikk1041486.shtml.

② 金丹. "一带一路"倡议在越南的进展、成果和前景. (2018-06-15)[2019-05-19]. https://www.sohu.com/a/235946847_444154.

③ 赵萌. 进出口银行与越南财政部签署项目贷款协议. (2017-05-13)[2019-05-19]. http://www.financialnews.com.cn/yh/sd/201705/t20170513_117453.html.

耿耿于怀的贸易逆差,通过双方的努力,也正在缩小。在第二届"一带一路"国际合作高峰论坛期间,中国方面还与越南签署了5份关于经济领域的合作备忘录,其中就有2份文件涉及越南乳制品和山竹进军中国市场①。实际上,连越南方面自己也意识到如果不从中国进口价廉质优的原辅料和机械设备,是无法向欧美出口大量的制成品并在2018年全年进出口贸易总结算中喜获创纪录的72.1亿美元的贸易顺差的。尽管如此,但仍还有一些其他不利因素阻碍着两国关系的进一步发展,处理不好会动摇中越全面战略合作伙伴关系的基础。

(一) 政治互信依然缺失,民心相通障碍较多

因历史的渊源和领土争端,中越两国间的政治互信问题已影响到越南的党员干部和各阶层的老百姓对中国人民的感情,民心相通遇到重重障碍,使得两国在很多领域里的合作未能够达到实质效果。很多年前,在民粹主义的作用下,越南方面曾拒绝中国人帮助其修建高铁和架桥,如今又对华为公司的5G设备关闭了大门。中资企业对越投资目前主要局限在工程建设和电力领域,而对港口、采矿等行业的投资则很难推动。

政治互信问题最典型的案例莫过于护照事件,即2016年7月,越南边检人员在中国游客护照上两处印有南海地图暗纹的地方写脏话。美国皮尤研究中心(Pew Research Center)在2017年7月13日公布的国家形象全球民调结果显示:与中国政治制度相似、山水相连、文化相通且经贸合作频繁的越南,是世界各国当中对华评价最负面的国家;88%的民间受访者不喜欢中国。

(二) 双边经贸发展没有足够的金融支持

中国的"一带一路"倡议与越南的"两廊一圈"规划对接以来,日益密切的双边经贸合作催生了体量巨大且内容多样的金融需求。但因越南本身的金融结构不合理,银行业资产占到了全部金融资产的80%以上,而证券和保险业则规模较小且结构单一,无法向日

---

① 阮春福总理出席第二届"一带一路"国际合作高峰论坛之行致力于促进越南与中国以及各发展伙伴的关系. (2019-04-29)[2019-05-19]. http://cn.dangcongsan.vn/news/%E9%98%AE%E6%98%A5%E7%A6%8F%E6%80%BB%E7%90%86%E5%87%BA%E5%B8%AD%E7%AC%AC%E4%BA%8C%E5%B1%8A%E2%80%9C%E4%B8%80%E5%B8%A6%E4%B8%80%E8%B7%AF%E2%80%9D%E5%9B%BD%E9%99%85%E5%90%88%E4%BD%9C%E9%AB%98%E5%B3%B0%E8%AE%BA%E5%9D%9B%E4%B9%8B%E8%A1%8C%E8%87%B4%E5%8A%9B%E4%BA%8E%E4%BF%83%E8%BF%9B%E8%B6%8A%E5%8D%97%E4%B8%8E%E4%B8%AD%E5%9B%BD%E4%BB%A5%E5%8F%8A%E5%90%84%E5%8F%91%E5%B1%95%E4%BC%99%E4%BC%B4%E7%9A%84%E5%85%B3%E7%B3%BB-520822.html.

益增长的中越双边投资与贸易提供与之相匹配的金融服务。此外,银行呆账、坏账和不良贷款问题严重,2018年的外汇储备仅635亿美元,外债总额1 250亿美元,已达到GDP的63.6%,人均负债1 500美元①。靠售卖国有资产和股份来冲抵外债的做法只能解暂时之忧。

(三) 中资企业对越投资的问题和困境

越南海关2019年6月9日发表的声明称,该部门已在中美贸易争端持续期间发现了几十起中国产品通过"原产地造假"和"非法转运"活动,以躲避美国对中国产品加征的关税②。除此之外,在越南投资的中资企业还存在以下几个问题和困境:

首先,中国企业投资越南的多为小微企业,起初都想通过短平快的经营模式谋求在越南的迅速立足和扩张,没有布局长远发展规划的战略意识,不利于构建长期品牌效应。

其次,即便是大型企业,在越南投资初期也出现缺乏对环保问题足够重视的情况。例如,台塑集团在越南的河静投资建钢厂,2016年4月因违法排放废水,导致中部鱼群大量死亡,直接影响当地民众的生计,引发众怒。台塑集团虽然是一家台湾企业,但对在越南投资的大陆资企业来说,应引以为戒。

再次,总承包商将工程下分给缺乏经验的分包商导致工程质量堪忧。比如,使用中国ODA贷款资金由中铁六局总承包的河内"吉灵—河东"线轻轨工程,在不断增加预算的情况下,开工了七八年依旧无法通车,不但没能改善河内城市的交通拥堵,反而引发了越南民众的不满情绪。

最后,新近赴越投资的中资企业还可能面临用工贵、地价高、环保严的压力。据胡志明市龙江工业园区的海亮(越南)铜业有限公司总经理王虎说,随着海外投资企业的增加,越南的人口红利已所剩不多。越南政府规定,与企业签约的员工,每年基本工资要上涨7%。"人口红利"仅能维持10年左右③。

(四) 推动两国务实合作进一步发展的几点建议

中资企业对越投资必须要按照越南的法律规定规范企业行为,诚信经营,不搞恶性

---

① 越南经济或将成新"玻璃七国",外媒:越南经济或正成"牺牲品". (2019-03-14)[2019-05-19]. http://www.axtoutiao.com/v254743.
② 为躲避美国关税,中国商品贴"越南制造",越南海关称将严查. (2019-06-13)[2019-06-15]. https://www.cnzhengmu.com/news/hangye/26367.html.
③ 牛!这位平阳老板在越南建了最大规模的工业园. (2018-07-06)[2019-05-19]. http://www.sohu.com/a/239586108_355926.

竞争,争创品牌,提高环保意识,同时也要做好风险管控。当然,要想提升两国的务实合作水平,双边政治互信和金融合作是关键。

1. 构建政治互信

40多年的改革开放带来的中国崛起,打破了1991年以来盛行西方的社会主义终结论,同时也使越南坚定了走社会主义道路的信念。在此背景下,两党关系就成为中越两国关系发展的"压舱石"和"推进器"。2015年以来的高层频繁互访使中越双方就构建具有战略意义的命运共同体达成了高度一致。2016年8月,越南国防部部长吴春历访华,表示要维护两国的社会主义制度,妥善处理矛盾分歧。2017年1月,两国国防部签署了《中国国防部和越南国防部关于2025年前国防合作共同愿景声明》。2019年5月27日至29日,越南国防部副部长阮志咏上将在魏凤和国防部部长访越期间撰文称,防务合作是越中关系的重要支柱之一;两国的海军、海警和海上执法力量正在不断加强合作;两国国防部在北京香山论坛、香格里拉对话会、东盟防长扩大会等多边国防论坛上密切配合,为制定中国—东盟东海行为准则框架文件创造了有利条件[①]。

在国际政治舞台上,中方支持越南成功担任2020年东盟轮值主席国,越方支持中国在解决全球性问题上的重要地位。在安全领域,中越两国均强调和平解决南海争端的重要性,努力建设能够给两国带来利益的"和平—合作—发展"的海域。在民间外交领域,借助由政府搭台的各类双边、多边大型平台,如中国—东盟博览会等,推动中越两国的文化、经贸、科技和城市间的交流活动,不断累积民间政治互信。

2. 加强金融合作

中越两国应加强金融基础设施的建设,推进资本层面上的互联互通,鼓励两国的商业银行进行相互间的跨境业务合作;同时,通过设立中越经贸投资基金,签订两国货币互换协议,建立和完善跨境结算机制以减轻中越经贸投资对美元和其他强势货币的过度依赖。

---

① 防务合作是越中关系重要支柱之一. (2019-05-27)[2019-06-19]. https://zh.vietnamplus.vn/%E9%98%B2%E5%8A%A1%E5%90%88%E4%BD%9C%E6%98%AF%E8%B6%8A%E4%B8%AD%E5%85%B3%E7%B3%BB%E9%87%8D%E8%A6%81%E6%94%AF%E6%9F%B1%E4%B9%8B%E4%B8%80/96377.vnp.

五、结论

21世纪,各国为了争夺供应链,可谓群雄逐鹿,新军备竞赛的内容是连接全球各大市场;比起传统意义上的争夺领土主权,争夺连接本区域与其他区域的输油管道、铁路、公路、隧道、大洋航线、网络电缆和电网更符合各国利益。在这场角逐中,中国领先,围绕着"一带一路",启动了一大波陆上连接欧亚大陆和海上连接南亚、东南亚各国的基础设施投资,打造供应链,实现了同包括越南在内的东南亚各国在资源、生产、服务和消费上的连接①。这也就是为什么中国的"一带一路"倡议在短短不到6年时间里得到世界上如此多国家和国际组织的认可与合作。

2019年2月19日,越南总理阮春福在视察越南计划投资部时表示:越南到2030年,要实现人均收入18 000美元,进入高收入国家行列;到2045年国家独立100周年之际,成为高收入发达国家。为此,他在第二届"一带一路"国际合作高峰论坛上强调,越南正大力促进国内经济社会发展,加快国际融入进程,其中包括与"一带一路"倡议进行合作。

有分析指出,越南可能会成为特朗普"印太战略"的关键支点,进而影响到他对"一带一路"倡议的参与度,因为从2011年越美两国签署《2011年美越双边防务合作备忘录》开始,以中国为假想敌的越美安全合作急剧升温。2015年,美国国防部部长卡特在访越期间,不仅登上了此前中越海上石油981对峙事件中损坏的越南海警船,还向外界表示,美国将提供1 800万美元帮助越南购买美制巡逻艇以提升越南的防务能力。2018年,美国时任国务卿蓬佩奥来到河内,强调美国高度重视与越南的友好全面合作关系,希望强大、独立和繁荣发展的越南在地区扮演日益重要的角色。换言之,就是平衡中国在印太地区日益增长的影响力。

实际上,从地缘政治和军事安全角度来看,越美两国相互间都有着现实利益需求,暂时在很大程度上超越了意识形态上的对立,但这并不意味着他们之间的"化敌为友"是以"联合制华"为基础的。相反,越南正在追求与中、美、俄、日、印(度)等大国都发展良好关

---

① 超级版图:全球供应链、超级城市与新商业文明的崛起. (2018-01-03)[2019-05-19]. https://baike.baidu.com/item/%E8%B6%85%E7%BA%A7%E7%89%88%E5%9B%BE/%EF%BC%9A%E5%85%A8%E7%90%83%E4%BE%9B%E5%BA%94%E9%93%BE%E3%80%81%E8%B6%85%E7%BA%A7%E5%9F%8E%E5%B8%82%E4%B8%8E%E6%96%B0%E5%95%86%E4%B8%9A%E6%96%87%E6%98%8E%E7%9A%84%E5%B4%9B%E8%B5%B7/20103155? fr=aladdin.

系。2015年,阮富仲在访美前先到了北京,体现了越南"大国平衡"的外交策略。对越南来讲,要在21世纪中叶迈入高收入国家的行列,美国的市场和投资是重要的,但更为重要的是,近十多年来,中国的市场和投资在保证越南政治安全的前提下帮助越南实现了经济腾飞。在"两廊一圈"与"一带一路"成功对接后,中国的对越投资激增,2019年前5个月甚至超过了10亿美元的韩国和7亿美元的日本[1],成为越南的第一大外资来源国;而且,在2018年,越南实现了数百亿美元的对华出口额,中国成为越南首个上千亿美元的贸易伙伴。中国大市场将为越南的出口导向性经济提供可持续的动力。反观美国,一向奉行美国优先的特朗普却容不得越南强劲的对美出口,称越南在贸易上比中国还恶劣[2],并2019年在7月2日对来自越南的部分钢铁制品征收最高达456%的惩罚性关税[3]。由此可见,在巨大的国家利益面前,对越南而言,中国是一个可资借重的包容开放的强邻,越南在发展对其他国家的外交关系中,尤其是在发展对美关系中,是无法绕开中国因素的。

(作者:黄楫系国防科技大学国际关系学院副教授;

王旭骥系78020部队翻译)

---

[1] 5个月,中、日、韩投资32.6亿!越南或成下一个中国?别忘了特朗普!.(2019-06-13)[2019-06-15]. http://www.sohu.com/a/320283836_591132.

[2] 突发!特朗普要对越南动手?.(2019-06-26)[2019-06-28]. http://mil.news.sina.com.cn/2019-06-26/doc-ihytcitk7898371.shtml.

[3] 美国对越南部分钢铁制品征收456%关税.(2019-07-03)[2019-07-05]. https://baijiahao.baidu.com/s?id=1638022607016986854&wfr=spider&for=pc.

菲总统杜特尔特南海政策转变原因及前景分析

梁 舟

摘要： 菲总统杜特尔特 2016 年上台以来，在南海政策方面做出了较大转变，对外关系上采取"亲中疏美"的政策，以缓和中菲关系，为菲律宾谋求更多利益。本文通过梳理杜特尔特对中菲南海争端的主要态度，探析其对华政策转变的原因，并对影响中菲南海问题和平解决的变量因素进行分析，简要预测其发展前景，旨在为和平解决中菲南海争端问题提供参考。

关键词： 中国 菲律宾 南海 杜特尔特

菲总统杜特尔特在 2019 年 7 月 6 日的一次讲话中，抨击美国视菲律宾为"诱饵"，在南海问题上"怂恿"菲律宾与中国对抗。此言再度引发世人对中、菲、美三国关系及南海问题的关注与思考。

中菲南海争端问题由来已久，一直以来都是引发世界关注的热点问题。从 20 世纪 30 年代开始，菲多届政府对南海问题始终持强硬态度，以各种牵强理由提出了诸多无理要求，并多次与我国在南海岛礁上发生冲突对峙，甚至在 2013 年单方面将中菲南海争端提交至国际海洋法法庭。菲方这一系列不顾地区安全稳定、蓄意挑起事端、旨在危害我国主权安全的危险举动引发了我国政府的高度关注与担忧。

而 2016 年 6 月 30 日罗德里戈·杜特尔特就任菲总统以来，菲政府的对华政策相较前政府实现了较大转变，杜特尔特当局致力于改善与中国的关系，对南海争端问题采取了暂时搁置的态度，在对中美的关系上采取"亲中疏美"的政策。这一显著转变缓和了中菲南海争端形势,使得中菲关系逐步从南海仲裁案的谷底反弹,同时为南海争端问题的和平解决带来了转机与希望。

一、杜特尔特总统对中菲南海争端的主要态度

(一)暂时搁置南海仲裁裁决

杜特尔特上任之初便面临一个"棘手"问题,即海牙国际仲裁法庭于 2016 年 7 月 12 日对南海仲裁案做出"最终裁决",裁决判定菲律宾胜诉,并否定了中国的"九段线",宣称中国对南海海域没有"历史所有权"。对于这一明显歪曲事实、哗众取宠,受美国等势力支配的闹剧,国际各界却持有不同看法。中国在第一时间发表声明表示坚决不接受、不承认。但美、日、澳等国却认为该裁决对当事方"具有约束力"。在此关头,菲政府的态度便显得尤为瞩目。菲政府在 7 月 12 日首先表示对"结果"表示"欢迎",希望各方对此保持克制。但杜特尔特总统并未就裁决结果进行过多渲染,而是采取措施缓和中菲紧张关系,并表示其将搁置仲裁裁决,寻求与中国深化合作。在 2016 年 10 月国事访华期间,杜特尔特与我国共同发布《中华人民共和国与菲律宾共和国联合声明》,其中未提及任何关于仲裁裁决结果的内容。同时还试图将南海问题与东盟峰会进行剥离,屡屡表示在 2017 年作为轮值主席的菲律宾不会将南海仲裁案作为峰会议题①。

(二)与中国协商解决黄岩岛捕鱼等事宜

黄岩岛自古以来就是中国的固有领土。但菲律宾自 20 世纪 90 年代起声称黄岩岛属于菲律宾领土,挑起了两国争端。中菲于 2012 年 4 月 10 日爆发黄岩岛事件,经过长达一个月的对峙,中国于 5 月 8 日下午取得了对黄岩岛的实际控制。在 2016 年 7 月 12 日发布的南海仲裁裁决结果,宣称中国"侵犯"菲渔民在黄岩岛海域的传统捕鱼权。但杜特尔特意识到,在南海问题暂时无法解决的情况下,相较于与中国对抗,寻求与中国深化合作及共同开发南海资源则更符合菲律宾利益。因而菲政府在与中国对话协商时,请求中国"允许"菲渔民赴黄岩岛潟湖内捕鱼,这一举措以和平方式促使了菲渔民得以重返黄岩岛捕鱼,不仅有效维护了中菲得以缓和的关系,也赢得了菲国内对杜特尔特的一片称赞。

---

① 仇振武,刘金源.双层博弈视野下杜特尔特政府南海政策刍议.亚太安全与海洋研究,2018(6):34-46.

(三)积极推进中菲南海双边磋商机制会议

在杜特尔特2016年10月国事访华期间与我国政府共同发布的声明中,双方认同需建立一个南海问题双边磋商机制(BCM),以定期针对涉及南海的各类关切进行磋商。此后,中菲两国都为建立这一机制而共同努力。两国于2017年5月19日在贵州省贵阳市举行中菲南海问题双边磋商机制第一次会议,迄今已举办了六次会议。中菲两国在这一机制中就南海形势等各自关切进行了坦诚友好交流,并取得了一系列丰硕成果,例如双方认同相关争议及分歧应由直接相关的主权国通过友好磋商及谈判来和平解决,南海争端不是中菲关系的全部,中菲在南海的分歧不应影响两国在其他领域的合作等。由此可见,两国通过友好协商的"双轨思路"来解决南海问题是卓有成效的,这是多年以来两国在南海问题上的重大突破。

二、杜特尔特总统南海政策转变的原因

(一)菲律宾国家利益的驱动

探究一国国家政策的制定及转变,首先必须要从其国情着手。众所周知,菲律宾是位于西太平洋的一个多民族岛国,从16世纪起便多次沦为世界强国的殖民地。特殊的地理位置及历史因素,使得菲律宾国内存在诸多难以克服的顽疾,例如经济落后、贪污腐败、毒品泛滥、恐怖主义盛行、社会治安混乱等问题一直困扰着历届菲政府。这些问题导致菲国内各界矛盾重重,政治环境糟糕。杜特尔特在竞选总统之初,便鲜明地提出要将执政重心放在内政上,致力于改善菲国内政治经济环境,并提出了社会经济十项议程的主张。在国家利益的驱动和牵引下,杜特尔特对前任政府相关政策进行了较大调整,由重点关注南海等对外事务转向以国内事务为重心。

(二)杜特尔特个人性格及经历的影响

杜特尔特上台以来,以其独特的执政风格引起了世界瞩目,国内外媒体将其与特朗普相提并论。他在许多重大事务上频频语出惊人,尤其是在菲美关系方面,他曾在访华期间表示要与美国"分手",还曾表示要"忘掉"菲美《加强防务合作协议》,这一系列言论甚至一度导致菲美关系陷入紧张状态。杜特尔特的这种执政风格可以从他的个人性格及相关经历中窥出一二。他与传统精英政治家族并无深厚的联系,在内政执政方面清廉

有担当,致力于解决菲律宾民众面临的实际问题①。他曾在菲南达沃市担任了 20 多年的市长,在执政方面敢说敢做、雷厉风行、不畏强权,以铁腕手段成功改造了曾经经济低迷、犯罪率居高不下的达沃市,使其成为现如今菲律宾治安最好的城市。杜特尔特对美国没有特别亲近的感情,反而认为美国过度干涉菲律宾内政外交。由此,务实的杜特尔特认识到向美国"一边倒"并不能为菲律宾带来过多的利益,便开始寻求实施独立自主的外交政策。

(三)中国的地区及全球影响力不断增强

近年来,中国在政治、经济、军事、科技、社会等各个方面都取得了突飞猛进的发展,极大提高了在国际社会上的地位和影响力,甚至在很多方面开始撼动美国在世界的独霸地位。作为中国在南海地区的邻国,菲律宾自然地受到了中国新发展的辐射和影响。随着综合国力的增强,中国开始加强对南海地区的实际控制。2012 年 5 月,中国取得了对黄岩岛的实际控制;2012 年 7 月正式成立海南省三沙市人民政府;同时不断加强岛礁建设及在南海地区的例行巡逻等。这一系列举措使得菲律宾实在地感受到了中国不断增强的军事能力及对南海岛礁的高度重视。由此,杜特尔特深刻认识到,若再坚持与中国对抗,菲律宾不仅难以从南海争端中谋得利益,反而有可能会得不偿失,使国家深陷于内政外交的双重失败中,为这个本就脆弱不堪的国家带来致命打击。

(四)美国对菲内政的随意干涉

菲美同盟关系历史悠久,两国在各类重大事务中关系密切。杜特尔特上台后,美国政府延续以往的政治惯性,继续对菲政府的相关决策指手画脚。其中最为明显的例子是,杜特尔特上台后不久在全国范围内推行的反毒行动遭到美政府的强烈指责。杜特尔特以铁腕手段强力打击猖獗的毒品犯罪问题,在收到显著成效的同时也导致大量涉毒犯罪嫌疑人死亡,美政府据此指责杜特尔特侵犯人权,称该行动是"大规模的残暴行为",并联合西方多国及国际人权组织对杜特尔特政府进行猛烈批判。杜特尔特对此极为恼火,认为美国是在随意干涉菲内政,并多次在公开场合"炮轰"奥巴马及美政府,导致菲美关系一度陷入紧张。奥巴马因此取消了两人原定于 2016 年 9 月在东盟峰会上举行的首次会晤,美国务院决定取消对菲销售 2.6 万支突击步枪的计划。这一系列冲突也在一定程度上促使了杜特尔特外交政策的较大转变,杜特尔特曾在演讲中表示美国"不值得信

---

① 刘斯予.杜特尔特对中菲关系的调整及前景.上海:上海外国语大学,2018.

赖",菲律宾"将向中国和俄罗斯靠拢"。

(五)东盟对南海问题的高度关注

东盟作为在东南亚地区及世界范围内具有较大影响力的国际组织,一直以来都高度关注南海问题。在 1992 年 7 月举行的东盟外长会议上,东盟发表了《关于南中国海问题的东盟宣言》。这是以东盟的名义发布的第一个有关南海问题的政治文件①。尽管中国与部分东盟成员国之间存在着敏感的海上领土争端,但东盟在与中国的对话中仍奉行其特有的"东盟规范",如"安静外交/留面子""协商和寻求共识"等。例如,在 1999 年的东盟地区论坛(ARF)会议上,东盟没有屈服于美国的压力,没有运用东盟地区论坛给中国施加政治压力,特别是没有让领土问题国际化②。近年来,东盟与中国在南海问题上取得了较为显著的进展,2002 年签署《南海各方行为宣言》以来,双方致力于推动制定"南海行为准则",并于 2018 年 8 月 2 日形成"南海行为准则"单一磋商文本草案,这是和平解决南海争端、维护地区和平稳定的一大阶段性成果。在此背景下,菲律宾在南海问题上受到了东盟的积极影响,更加倾向于和平解决南海争端。

三、未来影响中菲南海问题和平解决的变量因素

(一)菲国内反对派势力不容小觑

首先,菲律宾是一个多党制国家,国内反对党派别林立,势力不容小觑,他们在多项事务上都与杜特尔特政府意见相左,尤其是在南海政策上。杜特尔特上台后在南海政策上的转变招致了反对党的强烈反对,他们屡次公开抨击杜特尔特政府,并多次对中菲南海问题妄加评论,试图激起国民对中国、南海问题的"愤慨"之情给菲政府施压,甚至最终达到推翻杜特尔特政府的目的。因此,菲政府当局不能对这些反对党掉以轻心,以免落入反对党制造的舆论陷阱。其次,菲政府与菲军方也时有龃龉。由于菲美盟友关系历史悠久,菲军方的亲美势力根基深厚,他们与美方关系密切,一直秉持着亲美的立场和态度。杜特尔特在南海政策及菲美关系上的转变引起了菲军方亲美势力的关注及担忧,他们在很多问题上并不配合菲政府,给杜特尔特执政带来了不小阻力。杜特尔特必须妥善

---

① 张云. 国际政治中"弱者"的逻辑:东盟与亚太地区大国关系. 北京:社会科学文献出版社,2010:64.
② 张云. 国际政治中"弱者"的逻辑:东盟与亚太地区大国关系. 北京:社会科学文献出版社,2010:84.

巧妙地处理同这些势力的关系,以维护其继续推进和实现既定政策目标。在2019年5月13日举行的中期选举中,杜特尔特领导的执政党及其阵营在参议院选举中获得压倒性优势,这一结果是对其独特执政智慧的最佳肯定。

(二)美日澳等国的持续干扰施压

在中菲南海形势整体向好的背景之下,美、日、澳等国势必会采取措施以伺机搅局。特朗普上台后,为全方位控制南海局势,遏制中国在南海地区的影响力,将奥巴马的"亚太战略"改为"印太战略"。从"亚太"概念扩大到"印太"概念,其实反映了冷战结束以来广义上的亚洲地区力量对比和地缘战略局势变化的事实,揭示了美国欲在地缘政治上威慑和牵制中国的真实意图[1]。"印太战略"实质上就是从印度洋的印度开始,经过马六甲海峡,到西太平洋的日本,以连成一段封闭围困中国的弧。与此同时,自特朗普2017年1月上任,美军在南海地区开展了多达14次"航行自由"行动,相较奥巴马政府时期有过之而无不及。美国的这些举动都无助于南海局势的稳定和南海主权与海洋权益争议解决进程的推进,反而可能使南海局势再度紧张甚至尖锐化[2]。这一复杂局势一定程度上导致菲政府当局在总体对华友好的基调下偶有反复。例如,菲政府在2019年4月初无端指责200多艘中国渔船出现在有争议的中业岛地区是"侵犯菲律宾主权",并对中国发出强硬警告。这是杜特尔特执政以来较为罕见的对华强硬姿态,体现了菲政府在复杂大国关系中的大国平衡战略。

(三)东南亚其他声索国可能挑起新事端

南海地区局势复杂,除菲律宾以外,越南、马来西亚、文莱、印尼四国也对我国南海主权提出了不同的声索。当前,中菲南海争端在一定程度上得以缓和,其他四国也保持相对克制,南海局势看似较为平稳。但由于各国实力的差距以及它们在南海问题上所追求的利益不同,各国的南海政策尽管具有一定的相似性,但在具体的政策选择上却存在着明显的区别[3]。例如,越南对华立场一直较为强硬和激进,希望借助域外力量对我国施压,限制我国在南海的行动。由于杜特尔特政府恰当调整了南海政策,在与我国对话过程中为菲律宾谋求了不小利益,其他南海声索国也有可能伺机挑起新的争端,以期待以

---

[1] 朱锋."印太战略"阴影下的南海大国较量.世界知识,2018(1):18-21.
[2] 朱锋."印太战略"阴影下的南海大国较量.世界知识,2018(1):18-21.
[3] 王传剑,孔凡伟.东盟在南海问题上的作用及其限度——基于国际组织行为能力的分析.当代世界与社会主义,2018(4):147-157.

此为筹码在与我国对话谈判过程中攫取更多利益。

四、未来中菲南海问题的前景预测

随着杜特尔特总统对华政策的调整转变,以及中国的国际和地区影响力不断增强,可以预见在未来几年内,中菲南海问题可能发生更加积极的转变,为缓解我国周边局势的压力,顺利开展"一带一路"建设提供更为有利的周边环境。

(一)推动中菲海上联合勘探实质性进展

相较于菲前政府的强硬态度,杜特尔特的外交政策体现出更多的务实与温和,更加追求在对外交往中获取更多利益。经过谨慎权衡利弊,杜特尔特认识到当前唯有与中国缓和争端,谋求共同开发南海资源才能使得菲律宾利益最大化。由于菲马兰巴耶天然气井将在未来几年内耗尽,因此菲方积极推动与中国的南海联合勘探。尽管菲国内对于中菲南海联合勘探仍存在一定分歧,但中菲如能在相对低敏感度的联合勘探研究上取得进展,确认南海相关海域的石油储藏量,为菲民众展现共同开发的经济前景,将有助于弥合菲国内对共同开发的政治分歧①。菲外长在2016年11月的APEC峰会上表示,菲政府已承诺暂时搁置与中国的南海争端。杜特尔特于2017年8月批准菲与中国在南海进行联合勘探,并在一年之后成立了技术工作组,全力推动与中国的合作。中菲于2018年11月签署了政府间《关于油气开发合作的谅解备忘录》,该文件将推动中菲海上油气联合勘探和共同开发早日取得实质性结果,为中菲双方带来更多利益。

(二)促进两国海域争议问题在双边框架内和平解决

中国一直以来都在东盟外长会议、东盟与中日韩(10+3)外长会、东亚峰会(EAS)外长会及东盟地区论坛等多边会议中庄严地维护国家主权、国家安全及领土领海完整。但中国一直坚持不宜在此多边场合谈论所谓"南海问题",坚持在双边框架内解决争端、捍卫国家主权的坚定立场,并在此基础上探讨与有关周边国家共同维护地区和平稳定②。南海问题双边磋商机制是中菲关系得以缓和以来两国的一项重大举措,促使两国重回通过谈判协商解决南海争议问题的正轨,其成立迄今已取得了诸多进展,

---

① 祁怀高.当前中菲南海共同开发的制约瓶颈与应对思考.太平洋学报,2019(3):1-9.
② 杨鸿玺.优势与陷阱:对双边与多边外交的辩证思索.学习月刊,2013(3):13-14.

为进一步推进两国关系缓和进程及友好对话发挥了积极作用。未来,两国将继续定期就该机制召开会议,维护这一来之不易的和平协商对话的平台和框架,尽最大努力在该框架内妥善处理南海相关分歧和争议问题,避免使问题上升到多边及地区层面。一方面促进更有效率更友好的解决争议,另一方面维护两国友好关系及地区和平稳定,以最大程度维护两国利益。

(三)一定程度上限制美菲联合军演

菲律宾与美国自1991年便开始举行"肩并肩"联合军演,美军以参加军演的名义频繁进出菲境内,并以轮换驻扎的方式扩大在菲的军事存在,从而将菲变成美军在南海地区投送军力的平台以遏制中国。而杜特尔特上台后有意同美国拉开距离,例如缩小菲美军演规模、裁减美国在菲军事部署等[①]。在2017年和2018年,菲美两国参加演习的总兵力较往年有大幅下降,尽管2019年参演兵力又有所回升,但不难发现,由于菲美两国防务关系存在不对称和不平等特点,且两国领导人近年来貌合神离,"肩并肩"联合军演的象征意义可能已经大于其实际意义。为了菲国家利益,杜特尔特政府不会完全放弃菲美军事同盟关系,但也会在一定程度上限制联合军演,以防止军演招致中国等国家的不满,对菲律宾周边环境造成更不利的影响。

(作者系国防科技大学国际关系学院研究生)

---

① 仇振武,刘金源.双层博弈视野下杜特尔特政府南海政策刍议.亚太安全与海洋研究,2018(6):34-46.

南海问题中越两国主权声索管窥
——读《权力扩散视角下的中越南海争端研究》后的思考

朱国庆

摘要：中越两国山水相连，历史传统悠久，尤其是两国的老一辈革命家以及两国人民，在为两国的民族独立和解放斗争中结下了深厚的情谊，令人敬佩。然而进入发展时期，随着老一辈革命家的相继退位或离世，越南国家对外政策的改变，中越两国之间在领土主权问题上产生争议。尽管中越两国在陆地边界和北部湾海域划界上的问题得以解决，但南海问题却争议不断，时至今日两国高层领导人互访不断，用宽广的胸怀看待两国的海上纷争，努力加强团结合作，但如何解决这一纷争，考验着其智慧。本文拟从历史发展的角度来解读一下中越两国在南海问题上矛盾分歧产生的来龙去脉，以及对南海主权声索的历史演进过程，力争为读者加深了解提供帮助。

关键词：南海 主权 管窥

近期，有幸拜读赵卫华研究员的著作《权力扩散视角下的中越南海争端研究》，并相继阅读了"中国周边外交研究报告"、《中国周边国家概览》等中国周边外交研究丛书，很受启发。南海位于亚洲大陆东南部，地处太平洋西部，是一个半封闭海域，其周边有中国、越南、柬埔寨、印度尼西亚、马来西亚、文莱、菲律宾等国家；南海北纬3°—36°，南北长约2 000千米；东经100°—121°，东西宽约1 000千米，总面积约356万平方千米，其中在中国九段线内有210万平方千米。南海由东沙、西沙、中沙和南沙四个群岛组成。东沙群岛主要由东沙岛、东沙礁、南卫滩和北卫滩组成。西沙群岛位于海南岛东南，以永兴岛为中心，海域面积50多万平方千米，由40多个岛、礁、沙、滩组成，其中珊瑚岛屿 22 个，沙洲 7 个，陆地总面积约 10 平方千米。中沙群岛位于西沙群岛东南约 100 千米处，所辖海域南北长约 600 千米，东西宽约 400 千米，由 33 个暗沙、滩、礁、岛组成，几乎全部隐于海水之中。其中东部的黄岩岛(民主礁)位于周长约 55 千米，面积约 150 平方千米、水深在 1—20 米的潟湖环形礁盘上。南沙群岛位于南海最南端，所辖海域南北长 968 千米，东西宽 930 千米，海域面积 82 万平方千米，由 230 个岛、洲、礁、沙组成，其中露出海面的岛屿和沙洲有 18 个，岛屿面积达 16.6 平方千米。南海东通太平洋，西连印度洋，位于连接亚非欧美及大洋洲交通之要冲，南海周边的三条海峡即马六甲海峡、巽他海峡、望加锡海峡是世界强国公开宣称的全球 16 条最重要的海上咽喉通道的组成部分。因此，南海具有重要的地缘战略意义。谁控制了它，谁就在政治、经济、军事上占据主导地位。南海问题是南海周边域内国家针对南海主权归属所产生的分歧与争端。其问题的产生有其偶然性和必然性。其偶然性是中国对海洋事物发展认知缺乏系统性和全面性，也缺乏经验，不如西方大国；其必然性是一个大国的崛起必然要应对来自各个方面的挑战，特别是中国作为一个社会主义国家，它面对的现实复杂局面要比任何一个国家都多，这就是必然。中越两国，曾经的好兄弟、好伙伴、好邻居、好朋友，现如今也要被南海问题所困扰，摩擦不断。

一、中越两国南海区域主权问题的历史演变和归属

（一）南海命名的由来

中国历史文献资料记载表明，秦代对南海的统治管辖范围是南海的北部和部分西部沿岸地区，并在此设立南海郡和象郡，同时将处于部落时期的红河三角洲正式纳入中国版图。汉代，在原南越地区设立了南海、交趾、九真、日南等九郡，再次将当今两广和越南中北部地区置于中央政府的直接管控之下。

从汉武帝在原南越地区设立九郡到公元 968 年越南独立前的 1 000 余年时间，当今的越南北部和中部地区一直是中国中央政府直接管辖和有效行使主权的领土。位于中部地区的交州之南则依次为林邑(后为占婆)和扶南(后为真腊)二国，与中国保持封贡关系，并无任何海上领土争端。彼此之间是一个国家内中央和地方的关系，因此，自然不存在南海问题。在当时，南洋各地大多处于部落分割和万国林立之状态，更与

南海问题无关①。

从历史文献记载中不难发现,南海是古老的中国最早发现的,它的名字是古老的中国人赐予的,越南从中部以北地区皆为中国之领土。

(二)南海的历史性归属

公元968年以后,越南虽然取得了事实上的独立,但国土仅限于红河三角洲一隅②,直到17世纪末越南吞并占婆和真腊国,由于占婆和真腊与中国没有南海争端,即使被吞并,越南与古老的中国在南海依然没有任何争端和地理关联。19世纪,英、法等西方殖民者虽然先后侵入东亚地区,却以陆地掠夺为主,并未注意到南海的各个岛屿,因此,不存在南海问题。近代,即鸦片战争之后,英军绘制了中国周边地区的海图,以备航海之需。图中将南海和东海等海域合称为中国海,自此之后南海则被称为南中国海,东海为东中国海。19世纪后期,随着工业革命的发展,南海岛礁的军事战略价值和经济价值不断显现,从而引起西方殖民者的重视,德国军舰擅自到南海岛礁上调研时,受到清政府的外交抗议被迫撤离,这是凸显中国行使主权的重要标志。甲午战争后,日本强迫中国清政府割让台湾,并开始向南扩张。1902年,日本发现东沙的磷酸盐资源,遂未经清政府同意,擅自在岛上盗采资源,并企图霸占,后为清政府所知,经外交斗争后清政府于1909年10月8日从日本人手中收回东沙岛。清政府在事件结束后于1909年5月派官员巡视西沙,测绘地图,查勘岛屿15座,并逐一勒石命名宣示主权,就连日、法等国都没有发出反对声音。即使到了20世纪初,越南的地理教科书也将越南领土仅仅局限于当今越南版图陆地海岸线、海口及其附近岛屿以内的范围,从来没有将西沙群岛和南沙群岛包括在内,地名上依然沿用南海称呼,亦不存在南海争端问题。

因此,越南独立后到19世纪初期,在东亚存在着以中国为中心的册封与朝贡秩序。在该秩序下,任何领土变更都必须得到作为当时东亚秩序领导国——中国的同意方能视为合法,这就是当时的国际法则和国际法③。这一法则为包括越南在内的东亚各国所认同且遵守。即使日、德、英、法等国侵略中国时,也没有改变南海归属中国的历史事实。越南的历史文献也没有将南海纳入其版图,依然承认南海是中国领土的一部分。

---

① 赵卫华.权力权力扩散视角下的中越南海争端研究.北京:世界知识出版社,2019:67.
② 赵卫华.权力扩散视角下的中越南海争端研究.北京:世界知识出版社,2019:67.
③ 赵卫华.权力扩散视角下的中越南海争端研究.北京:世界知识出版社,2019:68.

(三) 南海纷争的出现

由于中国国内军阀混战,日、法等国开始趁火打劫。1925年,法国在越南芽庄的海洋研究所偷偷派人登陆西沙群岛进行测量;1931年12月4日,法国又趁日本发动"九一八事变"之际,对我国西沙群岛提出主权要求,遭到中国政府严正抗议和拒绝。1933年7月,法国侵占了中国南沙9个岛屿(太平岛、南威岛、中业岛、南子岛、北子岛、马欢岛、费信岛、敦谦沙洲和安波沙洲),制造了"九小岛事件"。1938年7月3日,法国趁中国陷入全面抗战之际,突袭侵占了西沙群岛。这是法国人首次以武力侵占西沙群岛,也是日后西贡(现胡志明市)当局和越南政府向中国提出领土要求的依据之一。后西沙群岛被日本从法国手中夺取,日本投降后,中国国民政府收回被占岛屿,且日、法、英三国对中国所收回岛屿均无异议。1946年,中国政府接收西沙、南沙(现称中沙)、团沙(现称南沙)群岛等南海诸岛并设立了主权碑,并于1947年公布了沿用至今的断续线。当时域内和域外国家都没有异议,也没有提出任何反对意见。

此时的纷争是中国与日、法等入侵者的斗争,南海周边国家大都处于被殖民和侵略状态,"二战"后中国作为战胜国收回了被日侵占的南海诸岛屿。因此,这些岛屿遭受掠夺后被主权国收回是天经地义的事,与越南、菲律宾没有丝毫关系,也不存在任何主权争议。

(四) 中越南海主权争端出现

抗战胜利后,中国转入第三次国内革命战争,随着国民党政权崩溃,从大陆撤到台湾后,其军队也分别从南海诸岛上撤退,中国对南海诸岛及周边海域大约有五六年的时间无暇顾及和管控。新中国成立后,中华人民共和国政府宣示对南海行使主权,最重要的体现是确定南海界线,一以贯之地承认国民政府对南海领海界线的划分,如1946年印制的《中华民国行政区域图》及其附图《南海诸岛位置图》对南海领海界线的断续线进行了明确标示,并继承了南海断续线的"历史性所有权",同时要求在国内出版的各式地图都要标明这条断续线。1950年后遂派遣人员进驻西沙群岛东部以永兴岛为中心的宣德群岛和部分永乐群岛岛礁,台湾当局则进驻南沙群岛之太平岛,并定期对中业岛、南威岛、南钥岛、西月岛等其他岛屿进行巡视和设施维护。对南海主权的宣示,最关键的是要向同我国在南海问题上产生纠纷的国家宣示。1951年旧金山和会上,南越当局利用中国国共两党均被排斥在会议之外的机会,宣称拥有西沙和南沙之主权,但是其主张并没有被与会国接受,相反与会国中的苏联和捷克斯洛伐克等国要求和会承认西沙群岛和南沙群岛是中华人民共和国的领土。虽然苏、捷两国提出的要求遭到美国、英国等西方国家的反对,但反对的原因是中华人民共和国和台湾当局谁代表中国的问题,并不是反对这两个群岛为中国领土①。从1956年至60年代末,台湾当局定期对南沙群岛其他地区进行巡视,作为中国南海地区的军事力量而实施驻守防卫。针对《旧金山对日和平条约》等国际文件,中国共产党刚建立政权便以中国政府的名义发表声明,强调"中华人民共和国绝对不允许团沙群岛(即南沙群岛)及南海中任何属于中国的岛屿被外国所侵占"②。之后,周恩来还以外交部部长身份特别指出:"南中国海四群岛都是中国的领土,不论美英对日和约草案有无规定以及如何规定,均不受任何影响。"③

因此,旧金山和会是南越当局首次在国际会议上提出南海领土主权要求,因无依据而被拒绝。这也是南越当局觊觎西沙和南沙群岛的开端。

从当时的历史环境来看,与我国在南海存在纠纷最大的国家主要是南越和菲律宾。1954年日内瓦会议后,当时的越南实际分为越南民主共和国(即北越)和越南共和国(即南越)两个部分,即分为南北两个政府,同时双方都宣称自己是代表越南民族的唯一合法政府。与越南共和国政府不同的是越南民主共和国承认西沙群岛和南海群岛主要归属中国,没有异议。菲律宾早在1951年《旧金山对日和平条约》签署后就声称根据该条约有关日本放弃南沙西沙群岛所有权的规定,南海有关岛屿已经处于盟军托管之下,菲律宾政府及其国民应有权进入这一开放的海域,并以此为由单方面将南沙群岛列入国防范围④。1956年,菲律宾外长加西亚声称南沙群岛"理应"属于"菲律宾",并擅自将南沙群岛若干岛屿命名为无主的"自由地"。对于越南共和国政府和菲律宾的这些行为,基于当时的国际环境和新中国的国力,加上与菲方没有建立外交关系,中国共产党采取的严厉反击措施是通过《人民日报》等报刊,列出大量历史证据揭露、说理、抗议等,声明"中华人民共和国对这些岛屿具有无可争辩的合法主权,绝不容许任何国家以任何借口和采取任何方式加以侵犯"⑤。在当时与菲律宾和越南共和国有着所谓"外交关系"的台湾当局,则与菲律宾和越南共和国政府就其侵犯中国南海主权的言行给予了严正驳斥和交涉。

---

① 赵卫华.权力扩散视角下的中越南海争端研究.北京:世界知识出版社,2019:75.
② 温小平,符涛.新中国成立以来中国共产党南海战略演变的历史考察.广西社会科学,2014(8):17.
③ 温小平,符涛.新中国成立以来中国共产党南海战略演变的历史考察.广西社会科学,2014(8):17.
④ 温小平,符涛.新中国成立以来中国共产党南海战略演变的历史考察.广西社会科学,2014(8):18.
⑤ 温小平,符涛.新中国成立以来中国共产党南海战略演变的历史考察.广西社会科学,2014(8):18.

通过查阅越南的历史资料发现,在1974年前,越南南北尚未统一时,其国内出版的地图,包括人民军使用的地图在内,均使用西沙群岛和南海群岛的名称来称呼两个群岛,并且明确标注为中国领土;越南的地理课本里明确了西沙群岛和南沙群岛为中国领土,并且明确宣称了越南领土范围;1970年出版的《越南自然地理》《越南领土自然区分》两本书也明确了越南领土的具体范围。从中发现其海上领土范围并没有与我国断续线内的疆域重合,而且1975年前的北越政府一直承认西沙和南沙群岛归属中国。关于西沙群岛和南海群岛的历史资料,当时的越南政府高层官员不止一次在正式外交场合予以承认,如1956年针对西贡当局侵犯中国南海主权的言论,越南民主共和国外交部副部长雍文谦在接见中国驻越南大使馆临时代办李志民时郑重表示"根据越南方面的资料,从历史上看,西沙群岛和南海群岛应属于中国领土",越南外交部亚洲司代司长黎禄则进一步指出:"从历史上看,西沙群岛和南海群岛在宋朝时就已经属于中国了。"①1958年9月4日,中国政府发表了关于领海宽度为12海里的声明,并指出"这项规定适用于中国的一切领土,包括中国大陆及其沿海岛屿,和同大陆及其沿海岛屿隔有公海的台湾及其周围各岛、澎湖列岛、东沙群岛、西沙群岛、中沙群岛、南沙群岛以及其他属于中国的岛屿"②。同年9月6日,越南《人民报》在显著位置刊登了中国政府的声明,9月14日,越南政府总理范文同照会中国国务院总理周恩来,郑重表示:"越南民主共和国政府承认和赞同中华人民共和国政府一九五八年九月四日关于领海决定的声明。"这一照会也刊登在当天的《人民报》上③。

中国南海断续线的标绘和领海12海里的声明,在当时的历史条件下,是对国际上领海领土确认方式的一种反应,更是对南海问题的主权宣示,取得了一定效果。例如,这一时期苏联官方公开出版的地图,就曾明确地把西沙、南沙群岛列为中国领土④。苏联、越南、朝鲜、罗马尼亚等国发表声明支持中国领海声明。

这一时期,越南国内尚未统一,两个政府各自为政,南越在美国政府支持下,北越在中国共产党领导的中国政府支持下,是资本主义阵营与社会主义阵营在越南国土上展开的斗争。中越(北越)两国互帮互助得到充分体现,在当时的国际环境下,争取国家独立和民族解放是两个国家领导人共同的历史使命和责任。作为一个阵营的伙伴

---

① 赵卫华.权力扩散视角下的中越南海争端研究.北京:世界知识出版社,2019:78.
② 赵卫华.权力扩散视角下的中越南海争端研究.北京:世界知识出版社,2019:78.
③ 赵卫华.权力扩散视角下的中越南海争端研究.北京:世界知识出版社,2019:78.
④ 温小平,符涛.新中国成立以来中国共产党南海战略演变的历史考察.广西社会科学,2014(8):18.

首要问题是解决生存权问题。随着中国援助越南民主共和国政府取得抗法、抗美胜利,南北得到统一后,海上领土主权之争随着时代发展和国际形势的变化而逐渐显现出来。

1968年,当南海海域、南沙群岛东部和南部海域油气资源勘察报告公布后,"南海问题"的性质发生改变,越南、菲律宾等国不仅是在口头上或外交上宣示拥有对南海的主权,而且是在行动上和军事上派兵侵占南海岛屿。

1969年,越南执政当局因胡志明逝世,高层人员出现更迭,以黎笋为首的越南当局也因此提出策略调整。由于社会主义阵营内部出现矛盾,中苏两国关系紧张,此时越南站在苏联一边,并利用南北统一之时机强行占领南沙群岛的部分岛屿,如1968年至1974年,越南侵占了南威岛、鸿麻岛、南子岛、景宏岛、太平岛等10多个岛屿,菲律宾也趁机侵占了马欢岛、费信岛、中业岛、南钥岛、北子岛、西月岛等岛屿。自1956至1986年中国实施禁海政策,加之"文革"的影响,此时中苏关系恶化,中国将国土安全防卫重心放在中苏边境,一时南海政策出现"缺位状态",也为越、菲两国侵占南海岛屿提供了契机①。

1975年越南南北统一后,开始亲苏反华,实施领土扩张。同年9月,黎笋访华时,越南正式就南海问题向中国提出主权要求。从1975年4月13日开始,越南的北越政府南下攻打南越政府,并在攻打期间侵占了中国南沙群岛中的南威岛、景宏岛等6座岛屿。随后,作为越南统一后的北越政权当局,公开推翻原有对南沙群岛和西沙群岛属于中国的立场和承诺,同时提出主权要求。

由此可见,南海海上油气资源的发现是越南侵占南海岛屿的导火索,加之国际形势发生变化,社会主义阵营出现分裂,中苏关系交恶,越南政府更加投靠苏联,对抗中国,南海的主权争端正式开启。

二、中越两国应对南海问题主权声索的具体举措

(一)越南在南海区域主权声索中所采取的具体措施

黎笋掌权后,越南对外政策发生变化。越南南北统一后,开始推行地区霸权主义,企图建立"印支联邦",公开亲苏反华,国际社会主义阵营出现分裂,当年的中越兄弟情

---

① 温小平,符涛.新中国成立以来中国共产党南海战略演变的历史考察.广西社会科学,2014(8):18.

义不在,海上和陆地领土主权争议不断。越南民主共和政府在攻打南越西贡政权时侵占了中国南海部分岛屿,并于1976年6月在越南出版的地图上将南沙群岛改名为"长沙群岛",加快了蚕食步伐。1979年9月,越南政府发表题为《越南对于黄沙(我之西沙)和长沙(我之南沙)两群岛的主权》白皮书。1988年,越南军队侵占了南沙群岛中的西礁、无乜礁、日积礁、大现礁、东礁等5座岛礁。1989年,越南政府非法将我国南沙群岛划归越南庆和省管辖。1992年,越共中央成立"东海(我之南海)和长沙(我之南沙)问题指导委员会",作为处理南沙问题的常设机构。在陆地上,越南在边界进行挑衅,导致1979年2月17日,中国对越自卫还击战的打响。1986年,随着黎笋集团的倒台,新任政府领导人开始对过去所执行的政策进行反思,至1989年越南第一外长来华访问,中越结束了长达10年的边界作战。在两国对立期间,1982年《联合国海洋法公约》获得通过,1994年11月16日正式生效。这期间国际形势发生了深刻变化,东欧剧变,苏联解体,越共寻求政策调整。1990年9月3日,越共中央总书记阮文灵、部长会议主席杜梅、越共中央顾问范文同访华,1991年11月越共总书记杜梅和部长会议主席武文杰正式来华访问,两国发表联合公报,宣布中越关系实现正常化,结束了两国对立的状态,标志两国关系重新调整和恢复。中越陆地领土争议随着2010年7月生效的三个法律文件即《中越陆地边界的勘界议定书》《中越陆地边界管理制度的协定》和《中越陆地边境口岸及其管理制度协定》而得到妥善解决。中越北部湾海上划界问题在2000年12月25日中越签署了《中华人民共和国和越南社会主义共和国关于两国在北部湾领海、专属经济区和大陆架的划界协定》,并随之签署了《中华人民共和国政府和越南社会主义共和国政府北部湾渔业合作协定》后也得到了妥善解决,上述协定于2004年6月开始生效。这是两国通过谈判妥善解决陆地和北部湾海上区域领土划界问题的典范,明确了两国陆地和海上部分边界主权归属问题。

关于西沙群岛和南沙群岛的海上领土争议则变得日趋复杂化,斗争日趋激烈。具体表现为对海上岛屿的争夺。从1975年到1998年期间,越南先后侵占、蚕食中国南沙群岛中的岛礁多达29座。

"2002年中国和东盟各国达成《南海各方行为宣言》,各方承诺要保持自我克制,不采取使争议复杂化、扩大化和影响和平稳定的行动,包括不在无人居住的岛、礁、滩、沙洲或其他自然构造上采取居住的行动,并以建设性的方式处理他们的分歧。"① 然而越南扩礁为岛的步伐却未停止,从 2002 年起,越南通过填海扩建岛礁,在其所占领的 29 座岛礁上建立了 33 个驻军点,并在 9 个较大的岛屿上移民驻守,建立行政区划,企图永久霸占。2012 年,越南国会通过所谓的《越南海洋法》,将中国的西沙和南沙群岛非法列入所谓越南"主权"和"管辖"范围,加强军事占领我国南沙群岛的 29 个岛礁。2014 年 5 月,越南对中国海洋石油公司 981 深海钻井平台在西沙中建岛南 15 海里海域进行油气勘探开发工作提出抗议,并派遣军舰肆意冲撞干扰,同时还无理反对中国在西沙群岛的北礁、羚羊礁、晋卿岛、南沙洲和高尖石等建造灯塔事宜。

鉴于南沙诸多岛屿和礁、洲等被越南占据的现实,越南力争域外大国的支持和介入,以迫使中国在南沙主权谈判时接受现状,并以此为筹码解决南海主权问题。

(二) 中国在南海区域主权声索中所采取的具体措施

当代南海问题的出现,除了主权问题,主要是因为国家发展经济而对资源的需求,同时域外大国因国际战略的需要,在政治和军事上介入,域内国家因对外政策的改变,以及对国际形势认知判断产生变化,在行动上不断掠夺,非法抢占,从而导致南海问题日趋复杂、多变。

中国在越南南北统一前,特别是胡志明去世黎笋上台后的政策导向发生转移后,有所察觉和警醒。特别是 1974 年越南侵占西沙群岛,引起了中国执政当局的重视,中国开始重新审视南海及南海诸岛问题,及时调整南海战略部署,决定采取军事维权与行政管辖并举的战略,开展"西沙海战"进行自卫反击,用武力将南越军队赶出西沙群岛。通过"西沙海战",中国政府不仅乘势收复了部分被占岛礁,还用军事维权的方式捍卫了中国在南海的主权。

自 1982 年《联合国海洋法公约》缔约到生效至今经历了几十年历程。这一公约的出现,使中越两国在南海问题的主权声索更加激烈。越南开始不断抢占岛屿和进行资源掠夺,中国进行严正抗议和交涉,同时在外交、经济和军事上采取具体行动。如 1987 年,应联合国教科文组织的要求,中国政府决定在南沙群岛永暑礁建立海洋观测站。1988 年 3 月 13 日,中国海军奉命前往南沙群岛赤瓜礁等岛礁进行考察。1988 年 3 月 14 日,越南对我国考察人员实施武装挑衅,并率先开枪打伤中方人员,遂发生南沙海战,通过海战中

---

① 赵卫华.权力扩散视角下的中越南海争端研究.北京:世界知识出版社,2019:82.

国顺势收回6座岛礁(永暑礁、华阳礁、东门礁、南薰礁、渚碧礁、赤瓜礁)。在两国领导人会晤和正式访问达成协议后,越南嘴上说一套,实际做一套,如1990年,在中越成都会晤后不到2个月,越南就侵占了南沙群岛的西卫滩;1991年在宣布两国关系正常化后,又分别侵占了李准滩和人骏滩。1990年起,中国调整南海战略部署,逐步形成"主权在我,搁置争议,共同开发"的战略,并与东盟各国达成《南海各方行为宣言》。然而,越南等周边国家并没有真正落实该宣言,一方面与域外大国实现关系正常化,拉其入伙;一方面大肆推行"变礁为岛,借岛扩海"政策,其填海造岛的行动一直不断,同时对前往该区域捕鱼的中国渔民实施抓捕和扣押。2010年以来,随着中日"钓鱼岛事件"和中菲"黄岩岛事件"相继爆发,"搁置争议,共同开发"丧失现实操作空间。为捍卫南海主权完整,推进南海整体性开发,中国因势利导对南海作出战略调整,2010年明确将南海问题同台湾问题、西藏和新疆问题等同定位"关系到中国领土完整的核心利益",在"国家领土完整的核心利益"战略的指引下,更加注重南海主权在我,更加重视推进南海的整体性开发。2009年,中国出台了《中华人民共和国海岛保护法》,2010年出台了《海岛名称管理办法》,"2011年还正式成立国家海洋局海岛管理司,对三沙市海岛和领海基点所在海岛等权益海岛,开展了调查、名称管理、规划编制等工作,编制出版了《全国海岛保护规划》和《西沙群岛旅游发展规划(初稿)》等10余项配套制度文件,为推进南海整体性开发奠定顶层设计基础"①。2012年,中国政府撤销西沙群岛、中沙群岛和南沙群岛办事处,同时宣布成立海南省三沙市,加强对其的投资。截至当年年底,投资超过100亿元,主要用于基础设施、海洋执法、海洋渔业、综合财力等方面建设,基础设施建设方面包括机场、码头、港口和其他重要设施的建设。2013年11月,中国海南省人大常务委员会修订通过了《海南省实施〈中华人民共和国渔业法〉办法》。2013年10月3日,习近平在印度尼西亚国会的演讲中提到中国愿同东盟国家"发展好海洋合作伙伴关系,共同建设21世纪'海上丝绸之路'"②。另外,在管控上加大海上巡逻警戒,同时加强填海造岛。如2014年初到2015年8月,中国在海南省三沙市的赤瓜礁、南薰礁、东门礁、华阳礁、美济礁、永暑礁、渚碧礁进行陆域吹填工程,共修筑2 900英亩(约11.7平方千米)。2014年8月,中国外交部部长在"中国—东盟(10+1)"外长会议上倡导处理南海问题的"双轨思路"。学界则有傅崐成提出的"南

---

① 温小平,符涛.新中国成立以来中国共产党南海战略演变的历史考察.广西社会科学,2014(8):20.
② 温小平,符涛.新中国成立以来中国共产党南海战略演变的历史考察.广西社会科学,2014(8):20.

海海域三层级"方案,若干倾向于司法解决或军事解决的呼声①。然而,2016年7月12日,菲律宾单方请求建立的所谓"临时仲裁庭"公布了仲裁决定,其提出"断续线不符合《联合国海洋法公约》;太平岛为岛礁,只拥有12海里领海,不能享有200海里的专属经济区和大陆架;中沙海域的黄岩岛、南沙海域的永暑礁、华阳礁、赤瓜礁为岩礁,没有专属经济区和大陆架;美济礁、仁爱礁、渚碧礁、东门礁等为低潮高地,黄岩岛、美济礁、仁爱礁等所在的大片中沙和南沙海域属于菲律宾的专属经济区"②。临时仲裁结果宣布后,中国外交部随即发表声明,指出菲律宾单方提出仲裁请求所裁定的裁决结果是无效的,没有约束力,中国不接受,不承认。反倒是越南、菲律宾对仲裁结果表示欢迎。

三、中越两国对南海主权声索未来走势

南海问题出现后,中越两国主权声索从未停止。越南对南海的西沙群岛和南沙群岛的主权声索不断,对所侵占的南海诸岛的建设不断,积极拉拢域外大国参与其中的动作不断,力争在与中国谈判时占得先机。因此,越南对南海的主权声索不会轻言放弃,还会持续与中国抗衡。中越两国围绕南海主权的斗争还有很长的路要走,斗争依然复杂艰巨。

(一)越南对南海主权声索持续多变

在政治上继续加强中越两国两党的合作,防止西化;在外交上将采取斗而不破的策略;在军事上,以安全合作大局为牵引,斗争持续不断。由此,越南在南海的动作会越来越多,手段也会越来越多样,对南海各个方向将会采取不同的策略,"放北、稳东、保中、守西南"将是越南未来的基本策略。所谓"放北",即南海最北端的西沙和中沙群岛,越南不享有专属经济区和大陆架,没有既占岛礁领土,且历史文献资料不利于越方,能争即争,能争多少就争多少,即使争不到也无所谓。"稳东",即越南在南海东面水域亦无所占岛礁领土,现与菲律宾在该海域划分规则上取得了一致,可有效维护既得利益,共同对抗中国即可达成目的。"保中",即越南在南海的南沙群岛维护其已占岛礁领土等既得利益,让这些既得利益从越南手中溜走是其不愿意的事情,加强维护是其抓手。"守西南","西南"即越南在南海的西南海域,该海域是其既得利益的重要组成部分:一是经济利益巨

---

① 赵卫华. 权力扩散视角下的中越南海争端研究. 北京:世界知识出版社,2019:171.
② 赵卫华. 权力扩散视角下的中越南海争端研究. 北京:世界知识出版社,2019:175.

大,这片海域靠近越南国土,石油是其重要的经济来源,到嘴的"肥肉"越南是不会轻易吐掉的;二是南沙群岛西南部与越南大陆之间的水域和相当一部分中国"断续线"内的传统水域,被越南视为核心区域,是其死守的区域,绝不会被越南放弃。

(二)中国应对稳中有进,持续强化

当前和今后一个时期,随着综合国力的提升,中国将继续高举"构建人类命运共同体"的大旗,努力担负起世界互联互通的倡导者、实践者和引领者的重任。政治上,在"一带一路"背景下,秉持中国特色的周边外交新理念,坚持"与邻为善、以邻为伴",坚守"亲、诚、惠、容",奉行长期稳定、面向未来、睦邻友好、全面合作的方针,坚持把南海打造成和平之海、友谊之海、合作之海的既定目标。在加强与东盟国家交往的同时,把中越两党两国关系巩固好、发展好。经济上,在继续加强双边合作的基础上,加强自身在南海的各项活动,特别是国际航道治理管控、海上救助等非传统安全活动。军事上,全面贯彻"积极防御"的军事战略方针,在加强与各方南海规则制定的同时加强自我建设管理。一是在南海问题上,积极推进由中国主导的《南海各方行为宣言》的落实,尽早达成"南海行为准则",使南海周边各方根据规则行事。二是根据域外大国介入的程度和自身发展现状,加强岛屿防卫管控建设。积极开展海上巡逻防卫等活动,致力维护南海的和平与稳定,同时注重加强岛屿全面建设。针对南海周边不同对象采取不同策略,特别是域内国家,在尊重历史和国际法的基础上,做好和平谈判的充分准备,明确提出中国主张,做好中国本身应该做的事情。三是在国际上积极参与国际法等有关法律法规问题研究。通过研究对国际法尚未进行具体规范的历史遗留问题提出中国方案或解决之道。目前,针对国际环境,中国学者加强了对现行国际法的研究,本人赞同赵卫华研究员针对"断续线"所提出的"历史性群岛水域线"主张,为今后国际事务就南海问题处理时提出有力的中国论断,为打造和平之海、友谊之海、合作之海而不懈奋斗。

参考文献

[1] 赵卫华.权力扩散视角下的中越南海争端研究.北京:世界知识出版社,2019.

[2] 祁怀高.中国周边外交研究报告:2018—2019.北京:世界知识出版社,2019.

[3] 石源华,祁怀高.中国周边国家概览.北京:世界知识出版社,2019.

[4] 洪农.南海共同开发:困境中求新机:《南海共同开发六国学者共同研究报告》评述.亚太安全与海洋研究,2019(4):57-65,3.

[5] 吴士存,陈相秒.中美南海博弈:利益、冲突与动因:兼论破解南海"安全困局"之道.亚太安全与海洋研究,2019(4):40-56.

[6] 吴士存,陈相秒.中国—东盟南海合作回顾与展望:基于规则构建的考量.亚太安全与海洋研究,2019(6):40-56.

[7] 温小平,符涛.新中国成立以来中国共产党南海战略演变的历史考察.广西社会科学,2014(8):17-20.

[8] 赵卫华.越南在南海新动向与中越关系走势.边界与海洋研究,2020(1):99-110.

[9] 沈伟烈.中国海洋安全的战略问题研究.百度搜狐视频资料.(国防大学)2018.08.02.

(作者系国防科技大学国际关系学院副教授)

中国南海防空识别区设立的法理依据与困境

仝广军

摘要：设立南海防空识别区，不可简单套用现有东海防空识别区的实施步骤。面对错综复杂的南海局势，要辨析南海防空识别区设立的法理依据，抓紧完善国内法和推动国际习惯的形成，从而使得该识别区有更强的法律效力。同时，来自国内和国际的各种现实困难也警醒我们要认清现存的困难，积极探寻发展出路，有力维护国家安全和利益。

关键词：南海　防空识别区　国际法　困境

2018年9月30日，美国驱逐舰"迪凯特"号在我国南沙群岛附近南海海域"巡航"时与中国海军170舰"兰州"号险些相撞。"兰州"号军舰为维护国家主权和安全，以精准操作斜切美舰航线，两舰一度只差41米的距离。这是2015年中美在南海地区拉开直接博弈序幕以来的一次"危机边缘"事件，引起各方的高度关注。特朗普政府执政以来，中美两国各领域摩擦不断升级，两国关系不断走低，南海问题愈发成为美国在亚洲创设区域议题的重要手段。面对美国的再三挑衅行为，中国作为主权国家，完全有权根据自身面临的空中安全形势，采取包括划设防空识别区在内的任何措施，从此前谨慎克制的态度转而考虑如何谋求维护国家主权，争取国际舆论，确保南海地区权益的战略方针。

一、设立南海防空识别区的可行性与法理依据

防空识别区(Air Defense Identification Zone),指的是一国基于空防需要,单方面所划定的空域。目的在于为军方及早发现、识别不明航空器和实施空军拦截行动提供条件。防空识别区的设立区域,通常以一国领海基线、国境线、实际控制线为基准,达到雷达探测的最大距离,一般要超出专属经济区、国境线、实际控制线范围。作为20世纪50年代出现的新型空中预警防卫概念,半个世纪以来防空识别区已经在美国、加拿大、澳大利亚、韩国、日本等20多个国家和地区得到实践。

中国设置防空识别区系维护主权之举,对于维护国家安全和利益是必要的。自2013年中国设立东海防空识别区以来,尽管初期以美日韩为首的部分国家反应强烈,但该识别区已逐渐被世界各国接受,并得到一致遵守。如日本两大航空公司2013年11月25日决定向中国政府递交飞行计划书,以响应中国政府公布的防空识别区。此外,亚洲多国航空管理机构也表示,航班若要进入中国东海防空识别区将事先告知中国飞行计划,并遵守识别区的相关规则。这一举动有效证明了中国划设该识别区的效力,为在南海区域设立防空识别区提供了惯例遵循。

从国际法法理依据的角度来看,目前主要存在以下几种主流观点。

(一) 行使国家主权原则

《国际民用航空公约》[①]的首要原则就是规定缔约各国承认每一国家对其领土之上的空气空间具有完全的排他的主权。即国家对其主权上空享有绝对主权,凡是进入主权国家领空的飞机必须服从相关飞行规定,表明国籍和意图,否则就有可能被视为"入侵"。

防空识别区作为20世纪50年代兴起的新型空中预警概念,与领空有着本质上的不同,这也是该原则存在争议的主要原因之一。根据现代国际法规定,领空是指主权国家领陆和领海上空的空气空间,它属于国家领土的组成部分。而关于防空识别区,国际上主要有两种认识:一种认为防空识别区位置划分与专属经济区高度重合,虽然《联合国海洋法公约》对沿岸国毗连区及专属经济区的权利和义务作出了较为明确的

---

① 国际民间航空组织于1944年12月7日通过《国际民用航空公约》,因其在美国城市芝加哥签订,因此又称其为《芝加哥公约》。

规定,但对于其上空的防空识别区没有任何相关法律条文,因而防空识别区属于国际公共区域,国家行使自卫权受限,在该空域采取军事行动等同于宣战,只能采取警告、驱离或拦截等非对抗措施,但如果威胁安全,可以自卫还击;另一种则认为,《联合国宪章》内关于国家主权的定义,有利于支撑在防空识别区行使自卫权的权利。国家主权原则,是指"国家在国际交往中相互尊重国家主权,彼此承认在其本国领域内按照自己的意志,独立自主地决定对内对外事务的最高权力的国际行为准则"①。依照此原则,我国有权在南海专属经济区上空设置防空识别区,通过对外来飞行器的预警、通报等手段,有效地行使自保权的间接准备措施②。关于在防空识别区行使自卫权的争论,虽然国际法上无现存的法律条文可依,但国际社会愈发倾向于后者,越来越多的国家为维护国家安全利益而不断践行该观点。

(二)运用剩余权利原则

"所谓剩余权利,就是法律未加明文规定或禁止的权利。"③出于维护国家主权和海上权益的目的,越来越多的国家领海管辖范围呈不断扩大趋势,这不仅仅体现在对领海范围的扩展,也体现在对领海外部区域加强了管理,划设防空识别区则是对领海外部空间区域进行管辖的措施之一。这是将权利与权力之间的模糊状态厘清之后,剩余的具有法律效力的一种法外之权。根据《联合国海洋法公约》第五十八条规定,其他国家航空器在飞跃专属经济区时应对沿海国的权利和义务进行适当顾及,这其中暗含了国家对专属经济区上空享有部分约束他国航空器的权利。该条文是国际法中剩余权利的一种体现,在国际条约上具有正当性。正是出于剩余权利中既未规定又未禁止的特性,他国航空器在沿岸国专属经济区上空进行飞跃时,较之公海存在一定限制。随着科技不断发展,海上军事力量不断增强,从维护国家安全的角度出发,根据《联合国海洋法公约》对他国做出一些限制性规定,通过法律手段,防范一些可能对沿岸国存在有害行为的活动,这既符合国际法中所倡导的国家主权平等原则,也不违反海洋法中的任何禁止条文。

---

① 邹瑜.法学大辞典.北京:中国政法大学出版社,1991.
② 高阔.我国划设南海防空识别区的国际法思考.武警学院学报,2017(5):16-19.
③ 周忠海.周忠海国际法论文集.北京:北京出版社,2006:443.

二、设立南海防空识别区的现实困难

尽管有国际法的法理依据作支撑,在国际上也有惯例可以遵循,但国际法中的支撑理论更多的是利用剩余权利以及国家主权的延伸。1950年,美国首次提出防空识别区概念,并制定了相关法规。此后,各国防空识别区的规则制定基本都遵循该国并与本国国内法进行结合,因而在国际上引发的争论不断。海洋强国利用自身科技军事优势,否认发展中国家维护自身安全和海洋利益的权利,擅自闯入防空识别区的现象屡见不鲜。中国有2013年东海防空识别区的成功先例,一定程度上增加了南海地区设立防空识别区的可能性,但较之东海地区,南海的环境更为复杂敏感,对国家的综合实力要求更为苛刻。

结合当前国际形势,在南海地区设立防空识别区主要存在以下几种困难。

(一)南海局势或将进一步复杂化

南海岛屿众多,涉及的国家有中国、菲律宾、印度尼西亚、马来西亚等,各方利益交织,多处历史遗留问题还悬而未决。党的十八大以来,中国政府秉持"亲诚惠容"的理念,坚持"主权在我,搁置争议,共同开发"的主张,积极维护南海局势的稳定。然而,在以美国为主导的西方大国的干涉下,南海问题不断发酵升温。以菲律宾和越南为首的南海沿岸国家,与我国在南海诸岛归属问题上存在巨大"争议",其中菲律宾占领8个,越南占领29个。在南海地区划设防空识别区,势必会引发这些国家的高度警惕,届时稍显平静的南海局势将再起波澜,美国将重炒"南海问题",进而推动美国加强在亚太的军事部署。值得关注的是,与奥巴马政府相比,特朗普政府开始更多地将中国在南海问题上的合法主张和维权行动视为对美国区域军事存在的直接挑战,甚至视为崛起中的中国对美国主导下的全球秩序乃至其"全球领导地位"的破坏,是当前"大国战略竞争"的重要组成部分,而非一个特定的、孤立的、对美国利益影响有限的国际争端[①]。2018年10月,美副总统彭斯在其发表的著名演讲中就公然声称中国"当前已经在人工岛礁上部署先进的反舰和防空导弹,使之成为军事基地",中国正在"以前所未有"的方式使用其权力。为此,美国"将继续在国际法允许以及符合国家利益需要的地方飞越、航行和行动。我们不会被

---

① 葛汉文.美国特朗普政府的南海政策:路径、极限与对策思考.太平洋学报,2019(5):73-81.

吓倒,我们不会屈服"①。正是在此类说辞的渲染和指导下,美军近两年来在南海针对我方的军事活动数量、规模大幅上升,行动方式日渐顽固、露骨。目前,中美双方贸易摩擦愈演愈烈,当此国家战略调整期,维护南海稳定显得尤为重要,要谨慎妥善处理好各方关系,促进与东盟的稳定关系,避免不必要的外交和军事压力。

(二) 恶劣海洋环境对基础设施和军事设备的高标准要求

南海九段线内自然海域面积约350万平方千米,其中中国领海总面积约210万平方千米,南北纵跨约2 000千米,东西横越约1 000千米,为中国近海中面积最大、水最深的海区。不同于东海防空识别区,由于南海诸岛距离陆地较远,现有机场建设不足,目前只有永兴岛、永暑礁、渚碧礁、美济礁铺设了飞机跑道。面对如此之大的海域,想要执行例行性巡航任务困境重重,空中力量建设还有待进一步加强。此外,海上常年高温高湿高盐的自然气候对飞机的损害远远大于陆地干燥气候,机上电子设备也会因此受到很大的影响。雷达建设的不足、预警机数量欠缺以及起降条件差等问题,也为定期巡航和实时监控带来不小的挑战。

(三) 缺乏有效的联合指挥机制

2016年美国国会的美中经济与安全评估委员会发布报告:《中国防空识别区升级:强化在东海的执行,在南海设立的可能性,以及对美国的影响》。该份报告指出,目前中国在南海地区缺乏一个行之有效的联合指挥体制。不同于东海防空识别区,面对范围更广、局势更复杂、环境更恶劣的南海地区,对于雷达侦测、交通管制、情报收集、卫星数据收集等任务还没有建立一个高效的联合作战指挥中心。客观来讲,我军新体制建立不久,高技术下联合作战指挥控制是一个全新的问题,国内外学者极少涉及,即使军队内部、特别军委机关和南部战区有所研究与探讨,也没有完全成熟。可以说,此项课题尚处于不断摸索与探索发展的阶段。

三、维护我国南海防空识别区设立的对策

(一) 积极完善国内法律和推动国际习惯形成

当今是国际秩序混乱的时代,国际法中的各项规定也存在大量权利与权力的混淆

---

① "Remarks by Vice President Pence on the Administration's Policy Toward China", the White House, 4 October 2018, blog.sina.com.cn/s/blog-5c6ff8890102za8w.html.

问题。虽然中国在2013年成功设立了东海防空识别区,但是从国内法律来看,目前对防空识别区还没有形成明文规定,东海防空识别区也只是通过对外宣告的形式设立。对比美国,其在《联邦行政法典》中的《联邦航空条例》内对防空识别区的明确定义,强化了其防空识别区的法律属性,在执行和完善的过程中,法理支撑更为坚实。而作为一项国际习惯,尽管防空识别区有近70年的历史,但是目前只有20多个国家和地区进行了实践,国际上各国对防空识别区的规定差别较大,随着越来越多的国家不断加入,推动该项习惯的产生并为各国所广泛认可,需要各国加大协商力度。作为国际政治的后来加入者,我们应该投入更大的精力到国际法的研究中去,从而避免各种不必要的被动行为。

(二)管控热点问题,维护区域安全和发展利益

2016年的"南海仲裁案"是对中国在南海地区主权的一次巨大挑战,面对该仲裁,中国政府据理力争,积极与东盟进行协调,共同发表了《中国和东盟国家外交部长关于全面有效落实〈南海各方行为宣言〉的联合声明》,推动中菲关系转圜,使南海问题重回双边对话协商轨道,实现仲裁案"软着陆"。面对错综复杂的南海局势,身为亚洲大国,我们要充分借鉴此次外交的成功先例,在立场坚定的前提下,积极构建与周边国家的良好合作关系,确保南海的和平、稳定,切实维护国际法的秩序与尊严。

(三)谨慎而稳健地在南海地区加强国防力量建设

赢在未来,须当远谋①。当前,中国比以往任何时候都更加接近实现和平崛起的战略目标。越是快要完成一件事情的时候,越是要格外小心做事,头脑一定要保持冷静,尤其是要做好战略顶层设计,一切都要以自身的实时国情和实时能力为根本依据,坚定不移地奉行"量体裁衣,看菜吃饭"的原则,绝不做任何损害支撑我战略实力本源的事情,也不做任何可能导致我国国力出现"战略透支"的事情。尽管当前我国对南海防空识别区持非常谨慎的态度,但是面对美国军机不断抵近、舰船不断靠近的现实压力,我们坚守底线思维,合理稳健地进行国防力量建设,兼顾周边国家态度,适时展现实力,以便于在突发情况下有所可为,有所作为。

---

① 鞠海龙.中国海权战略参照体系.北京:中国社会科学出版社,2012:219-220.

四、结语

　　尽管目前南海局势看似稳定,但我们也要看到,中国与菲律宾、越南、马来西亚等声索国围绕南海岛礁领土主权和海域管辖权主张存在争议,这一实质问题并未得到解决。美国、日本等部分域外国家并不会放弃围绕南海的航道控制、资源开采及海权优势等地缘政治利益诉求。因此,从这一视角看,未来一段时期,南海形势出现颠覆性变化的可能性虽然不大,但目前这种趋缓、向好的局面只是暂时和表面的,不能完全排除未来出现阶段性、局部性动荡的可能。诚然,中国维护国家主权和领土完整的决心是不可动摇的,但是一个聪明的渔夫从不会莽撞地搏击海浪。在中美关系不断走低的大背景下,如何维护好中国在南海的利益是一项更为复杂的挑战。善用国际机制和国际条约为我方增势,是一种风险小、收益高的举措,以不断增强的综合国力为支持,审时度势,待到时机成熟,我国即可推动南海防空识别区的设立。

(作者系国防科技大学国际关系学院研究生)

·历史与国情研究

炳·廷素拉暖上将：泰国现代政治"活化石"

虞 群

摘要：2019年5月，泰国枢密院主席、政坛元老炳·廷素拉暖上将去世。炳上将作为泰国前总理、前摄政王、枢密院主席，作为除王室重要成员外唯一一位被海陆空三军均授予上将军衔的泰国军人，生前轰轰烈烈，死后哀荣备极。炳上将的一生，几乎贯穿了泰国现代政治发展的整个历程，也见证了泰国王室由衰而兴，重新成为泰国民众精神支柱的全过程。尤为重要的是，他不仅是历史的见证者，更是历史的参与者、推动者，乃至塑造者，堪称泰国现代政治"活化石"。

关键词：炳·廷素拉暖　泰国政治

2019年5月24日，泰国大选产生的新一届国会正式开幕。拉玛十世哇集拉隆功国王携素媞达王后亲临致辞。当天，还有3个月就满99周岁的泰国政坛元老炳·廷素拉暖上将命人从衣柜中取出胸前挂满勋章的白色公务制服，准备以枢密院主席身份出席国会开幕。无奈身体状态已不允许，最终他只能在家中通过电视观看现场直播。

两天后的清早，炳·廷素拉暖上将在帕蒙固告医院因心脏衰竭而去世。消息传出，泰国举国震惊，上下同悲。尽管早已预料到这一天的到来，但没想到来得这么突然。就在刚刚过去的泰历新年宋干节，记者们到炳上将的府邸"四柱宫"拜访时，还给他鼓劲："一定要再活上21年，120岁！"

当天，泰国王室宫务处发布公告，拉玛十世国王对炳上将的逝世致以最深切的哀悼，钦赐立棺，并谕令诗琳通公主5月27日下午亲临云石寺代表国王主持炳上将葬礼；6月2

日"头七"之日,国王将携王后亲赴云石寺吊唁。同日,泰国总理府发表公告,要求政府及其他公务单位从5月27日至6月2日降半旗悼唁,政府工作人员则从5月27日至6月17日(除6月3日外)戴孝21天。

炳上将作为泰国前总理、前摄政王、枢密院主席,作为除王室重要成员外唯一一位被海陆空三军均授予上将军衔的泰国军人,生前轰轰烈烈,死后哀荣备极。炳上将的一生,几乎贯穿了泰国现代政治发展的整个历程,也见证了泰国王室由衰而兴,重新成为泰国民众精神支柱的全过程。尤为重要的是,他不仅是历史的见证者,更是历史的参与者、推动者,乃至塑造者。

一、从骑兵学员到政府总理

1920年8月26日,炳·廷素拉暖出生于宋卡府宝扬镇,家中兄弟姐妹共8人,炳排行老六。"炳"意为"快乐",是洛坤府帕玛哈塔寺副方丈所取。而他的姓氏"廷素拉暖"则是拉玛六世国王所赐。

炳·廷素拉暖18岁以前基本上都是在宋卡府度过。读完初中后,由于家境平凡,炳放弃了最初的从医梦想,考取泰国陆军技术学校(后改名为泰国陆军尉官学校),从此开启他戎马一生的军旅生涯。

入军校时,他曾立志仿效当时的"强人总理"銮披汶元帅,成为一名炮兵。但是,他却被分配到骑兵专业学习。1938年,他从军校毕业,先后参加泰法战争和太平洋战争。两次战争期间,炳分别奔赴柬埔寨波贝与缅甸景栋参战,战功显赫。1953年,他被派往美国肯塔基州美军装甲兵学校学习。回国后,他被任命为陆军装甲兵学校副校长,1968年被擢升为骑兵中心少将司令。担任此职务期间,他经常语重心长地与部下交谈。面对那些年轻的脸庞,孑然一身、无儿无女的炳心生怜爱,自称为"爸",而称呼他们为"孩子"。这也正是"炳爸"这个温暖的称呼之由来。

1973年,炳离开骑兵中心,奉调前往泰国东北部,出任第二军区副司令。从此,他的仕途便驶入了快车道。副司令仅当了一年,便被提升为军区司令,军衔也升为中将。1977年,他被任命为陆军司令助理,上将军衔。如同前次一样,仅一年后,他便荣升陆军司令,成为泰国军界最具权势之人。

必须要交代一下,他在军界仕途一路通畅,离不开他在政治上的积极参与。1959年,年仅39岁的炳被推翻銮披汶的沙立元帅任命为宪法起草委员会委员。他侬·吉滴卡宗掌权时期,1968年,炳被任命为上议员。1972年,又被任命为立法议会议员。

熟悉泰国政治的读者都知道,现代泰国政治最大的特点便是军人集团的长期干政与执政。从銮披汶到沙立,再到他侬,军人集团一直独霸政坛,直至1973年至1976年,才出现了短暂的"文官试验时期"。然而,政党政治的不成熟使得执政的文官政府无力解决国内矛盾,军人集团决定通过政变达到重新掌权的目标。

1976年,海军上将沙鄂·差罗约发动政变,推翻社尼·巴莫政府,指定他宁·盖威迁担任总理。他宁是极右势力,思想较为极端,受到各方抵制,无法控制政局。军方于1977年再次发动政变,陆军司令江萨·差玛南接任总理。

炳参加了这两次政变,因其忠诚果敢而获得军方高层的信赖。在江萨出任总理之后,炳被任命为内务部助理部长,并一直是内阁成员。1979年,他被任命为国防部部长,兼任陆军司令,他的军旅生涯到达了顶峰。这一年,他59岁。

本以为再过两年就可退休颐养天年,没想到这才是炳上将辉煌人生的真正开端。江萨执政期间,恰逢国际油价飙涨,致使泰国国内通货膨胀,外债增加,财政赤字。前总理克立·巴莫领导的社会行动党要求议会展开辩论,并要求对江萨总理进行不信任投票,江萨被迫辞职。议会召开会议,讨论接替人选时,炳·廷素拉暖成了军方与政党一致认可的不二人选。据说,克立·巴莫早在1976年、1977年就在《沙炎叻报》上发表文章,认为军队中堪当总理大任的唯有炳上将,当时的他还只是陆军司令助理。

1980年3月3日,普密蓬国王下旨,任命炳上将出任第16位泰国总理。从此,骑兵炳·廷素拉暖开启了人生的第二段奇妙旅程。

二、力挫两次未遂政变

炳前后一共担任了8年总理,横跨3个任期,是任职较长的一位军人总理。担任总理期间,炳遭遇过2次未遂军事政变,其中一次其实已经成功,但他依然化险为夷,安然度过。

第一次政变发生在1981年4月,史称"四月夏威夷政变"或者"杨德政变"。政变发起者大多为泰国陆军尉官学校第7期毕业生,为首者为陆军副司令汕·集巴迪玛。当时的泰国军界,山头林立,最有权势的便是"陆校7期生"。据说他们掌握了绝大部分的作战力量,自称为"杨德"(Young Turk)。沙鄂两次发动政变,"陆校7期生"均为后盾。而他宁、江萨、炳这三任总理之所以能上台，也都得到了"陆校7期生"力挺。

可是，炳担任总理后，有两个举动惹怒了"陆校7期生"。一是他为了平衡军队势力，大力启用"陆校1期生"（如差瓦立·永猜裕）和"陆校5期生"（如阿铁·甘朗逸），令"陆校7期生"派系出现了危机感。二是1980年10月1日，在阿铁等人的联名上书下，陆军决定为炳总理延长服役年限，以继续担任陆军司令。此举直接导致担任陆军副司令的汕·集巴迪玛失去了晋升陆军司令的机会。

1981年4月1日凌晨2点，"杨德"集团调动42个营的兵力迅速控制曼谷，软禁了泰军最高司令森姆·纳·纳空以及差瓦立·永猜裕等军队要员，并在电视台发布夺权公告。而且，政变者还宣布取消宪法、解散议会，并任命了一批高级官员。电视台里播放着代表胜利的乐曲，街头满是简易工事和巡逻的士兵。在某种程度上，政变已经成功。

炳在卫队的保护下入宫觐见普密蓬国王。普密蓬作为君主，理论上应超然于政治，不应有任何政治倾向。但是，在这个紧要关头，他毅然决然地站在炳总理的身旁。当天，普密蓬国王携诗丽吉王后以及其他王室重要成员，随炳总理一起，离开曼谷，赴泰国东北部呵叻，那里是炳担任第二军区司令的故地，可以看作炳的"大本营"。在那里，炳通过广播，向全国民众宣布，他并未辞去总理一职，政变者的行为是违宪之举。

第二军区副司令阿铁·甘朗逸指挥所属军队与叛军进行了小规模战斗，死伤不超过5人。由于王室坚定的政治立场，发动政变的一方意识到问题的严重性，几位政变主谋连夜逃离泰国，其余155名各级指挥员于4月3日清晨宣布自首。一场已经"胜利"的政变仅55个小时便被挫败。阿铁·甘朗逸因功勋卓著而被提升为第一军区司令，军衔晋升为中将。之后不到半年，又再度被任命为陆军司令助理。

经此一役，炳总理与普密蓬国王的深厚友谊从此公诸天下，各政党对于炳在危急关头的从容不迫、运筹帷幄而心悦诚服，他作为军人的硬汉形象更加深入人心，为他在之后7年的执政树立了威信，铺平了道路。

时隔4年后，他又经受住了第二次未遂政变的威胁。1985年9月9日，部分退役军官，其中包括"四月夏威夷政变"中的部分主谋，乘炳总理出访印尼、陆军司令阿铁上将出访欧洲之机，调动22辆坦克、400名士兵发动政变，控制了最高司令部、民众联络部等部门，并通过媒体宣布了政变公告，推举森姆·纳·纳空上将为首领。政变军队的坦克向第一御卫师及国家情报办公室展开射击。以"陆校1期生"差瓦立·永猜裕以及"陆校5期生"素金达·甲巴允为主体的政府将领们迅速展开回击。战事导致一名美国记者、一名澳大利亚记者丧生。当日下午,双方停战谈判,政变宣告失败。据说,这400名士兵只是前锋部队,还有军队高层参与政变谋划,并约定当日会师。但该高层"失约不至",导致政变最终流产。当晚,炳总理返回曼谷后,第一时间入宫觐见国王,炳政府再次转危为安。

炳总理所经历的这两次未遂政变,均由"陆校7期生"为主干力量发动,其中夹杂多个派系之间的利益争夺。尤其是第一次"四月夏威夷政变",更是泰国现代政治史上出动兵力最多的一次,共42个营的兵力控制曼谷及京畿。但炳总理凭借着普密蓬国王的支持以及他本人的睿智果敢,化危机于无形,维持了政权的稳定。乃至于各政党都视炳总理为维护民主政治的英雄。1988年大选后,议员们依然希望请炳总理继续执政,以保持民主制度稳定发展。

三、执政八年,政绩彰著

江萨·差玛南辞去总理一职时,泰国面临的形势极为严峻。政治上,泰共问题仍未解决,国家团结涣散,社会明显分裂;经济上,国际石油危机蔓延,国内通货膨胀压力增大,而泰铢的升值压力也对泰国出口业造成了巨大影响;安全上,越南入侵柬埔寨,对泰国东部、东北部形成直接威胁。

炳·廷素拉暖临危受命,连任三届总理,不仅有时代的偶然性,更因其人格魅力和性格特征而具有一定的必然性。炳为人正直,官声清明,在军界、政界和媒体界都享有崇高威望。他在任期间,一改历史上銮披汶、沙立、他侬等独裁型军方领导人的霸道作风,善于团结各派力量,营造和谐氛围。他接任总理当日便亲赴前总理、著名媒体人、第一大党社会行动党党魁克立·巴莫府邸,力促该党参与组阁,受到政党一致认可。他在位8年时间,历经3次大选,分别为1983、1986、1988年,每次大选均能顺利举行。尽管他不从属于任何政党,但政党均支持他出任总理。军人集团和文官集团在友好氛围下共享权力,这在泰国现代政治史上是一段难能可贵的"黄金时期"。当然,这也从另外一个侧面印证了炳总理任内政绩彰著,可圈可点。

首先,解决国内政治矛盾,力促社会团结和谐。炳在20世纪70年代担任第二军区司令时,便深入考虑过如何解决泰国共产党问题,当时他提出了"政治优先于军事"的政策,旨在以政治劝说代替军事围剿,以柔性方式对异见者进行"招安"。1980年和1982年,炳总理办公室分别颁布第66/2523号令和第65/2525号令,对泰共武装人员实行特赦，鼓励他们放下武器，走出丛林，返回城市，成为"社会建设者"。困扰泰国社会已久的泰共问题因此得到妥善解决。

其次，灵活采取货币政策，推动经济走出困境。1980年，受国际经济危机影响，泰国农产品价格急跌，泰国对外贸易逆差和预算赤字扩大。泰国采取的货币政策为与美元单一币种挂钩，但随着美元不断强硬，泰国外贸深受影响。炳总理在听取各方意见后，决定宣布泰铢贬值，以保证农产品出口价格。泰国政府连续三次宣布泰铢贬值，尤其是第三次，1980年11月2日，泰铢一次性贬值15%。

最后，软硬兼施加强外交，迫使越南从柬撤军。炳政府基本上延续了江萨时期的外交政策，但是对江萨所采取的以谈判解决柬埔寨问题的措施有所改变，主张采取武力反击的措施。在其任内，泰国曾分别与越南和老挝发生数次武装冲突。同时，在外交方面，炳总理高度重视发展对华关系。据统计，两国间代表团互访从1979年的61个团次猛增至1985年的722个团次。1980年和1982年，炳总理率团两次访华，就柬埔寨问题进行磋商协调。中泰两军在战略战术方面也开展了有效交流。1984年4月28日，中国军队发起收复老山战斗，一举全歼越军守备部队。5月，泰国陆军司令阿铁上将前往老山视察，与中国军队就热带、亚热带山岳丛林战斗相互交流了经验教训。炳担任总理时期，泰国因在柬埔寨问题上的突出表现，获选联合国安理会非常任理事国。

在炳总理的领导下，泰国政治相对稳定，投资者信心攀升，经济逐年向好。至炳执政最后一年，GDP年度增长率高达13.29%，为紧随其后的将近十年的经济快速增长奠定了良好基础。炳在任期间力推的"东海岸开发项目"其实便是如今巴育政府"东部经济走廊"(EEC)的前驱。

四、"军队的主人是国王"

1988年7月24日泰国大选后，获胜的泰国党认为应该继续邀请炳担任总理，但是有部分学者反对炳连任4届，并发起99人签名抵制炳出任总理。炳为人正直，不愿授人以柄，主动下野，拒绝连任。

炳本以为政治生涯就此结束，安心颐养天年。但很快，1988年8月23日，普密蓬国王下旨任命他为枢密院大臣。8月29日，国王再次下旨，任命炳为"国务政治家"。从此，他不用再处理千头万绪的政务工作，专心为国王担任顾问。他一生没有结婚，没有家室，可谓以国为家。他的忠诚与廉洁令普密蓬国王尤为信任。1998年8月4日,炳荣升枢密院主席,即国王首席私人顾问大臣。这个位置看似虚位,没有实权,实则是"一人之下,万人之上"。此时的炳上将,已经超越之前连任三届总理的荣光,成为最受泰国王室信任的"第一重臣"。

数十年的耕耘与经营,炳上将在军界根基极深,加之王室的信任,令炳上将的府邸"四柱宫"成了泰国军界高层聚会的不二场所。一般来说,总理仅能决定非关键职位和中下层军官的人事。大多数军界高层尤其是核心岗位的任命都是在炳上将的府中商定,再由炳上将向国王禀报,这也逐渐形成了一种惯例。

但2001年以后,这种情况发生了变化。这一年,一位叫作他信·西那瓦的商人政治家领导的泰爱泰党以前所未有的强势姿态席卷政坛,赢得大选。以泰爱泰党为首的执政联盟凭借着在议会中的绝对优势,强力推动多项经济复苏计划,提高政府运行效率。2003年,他信政府提前两年还清金融危机期间所欠国际货币基金组织的172亿美元债务,并将经济增长率恢复至5%—6%。他还采取多项政策,帮扶"草根阶层",如"一村一产品""30泰铢包治百病"等,深受底层民众欢迎。在外交事务方面,他信政府积极推行"进取性外交政策",成就斐然,如发起"亚洲合作对话"论坛等。

然而,在政治声望急遽攀升的同时,他信的强权作风和利己主义也让他信形象变得毁誉夹杂。他不断利用所谓的民主工具党同伐异,通过机构改革和行政命令在政府关键岗位安插亲信。政治上的胜利让他信有些忘乎所以,他希望通过强力手腕,使军队也服从于他的文官政府。于是,从2001年起,他信开始改变军队内部的惯例,即不与枢密院商量,而直接安排军方高层人事,大量亲信和同学都被他安插到关键岗位。真正激怒炳上将的事件是2001年陆军司令素拉育·朱拉暖上将被调整至仅具象征性的武装部队总司令岗位,取而代之的是他信的堂兄猜西·钦那瓦。素拉育·朱拉暖出身特种部队,是炳上将最为信任的老部下。没有经过炳的认可,就将他调离最具实权的陆军司令岗位,令炳开始对他信产生不满。

更令炳上将不能容忍的事情,是他信对于王室的态度。他信曾在多个场合提及国王,言语中对国王不够尊重。比如,反对他信者要求他辞职,他信说道:"只要国王对我耳语一下,我立刻辞职。"另外,还有人批评说,他信跑到国王御用的玉佛寺祈福,冒犯了王室威严。有一段时间,有关他信要推翻王室,自立总统的消息传遍泰国。

一位泰国专栏作家曾经披露,2006年他信被推翻前的几个月,炳上将在"四柱宫"里和朱拉隆功大学一位老师谈及他信时说道:"我并不讨厌他,但是他不适合。"而他信似乎也对此有着充分的认识。随着国内反对他信的浪潮不断掀起,他信曾或明或暗地在公众场合批评某些"置身宪法之外的有权势者"是反政府的主谋。不少媒体将这位"置身宪法之外的有权势者"解读为炳上将。

而之后不久,炳上将一身戎装,在他的母校陆军尉官学校向950名尉官生发表了著名的"骑手与马"的演讲。可能因为炳上将是骑兵出身,以马比喻也显得更加亲切。他说:"军队就像马匹,政府就像是骑手,是照看军队的,但不是军队的主人。军队的主人是国家以及国王。"这番言论引起媒体和学界的广泛讨论,其中表现出的立场倾向是不言而喻的。

就在炳上将演讲三个月后,陆军司令颂提在他信参加联合国大会期间宣布推翻他信政府,解散政府和议会,理由是他信集团威胁王室,腐败滥权,干涉军务,引发史无前例的社会分裂。

尽管炳上将否认与2006年政变有任何关系,但据泰国一位记者描述,他推荐素拉育·朱拉暖上将接替他信出任总理时,说道:"艾(素拉育的小名)是最好的!"

时隔多年后,2014年5月22日,陆军司令巴育上将再度发动政变,推翻英拉政府。当巴育率领文武官员到炳上将府邸祝贺新年时,炳上将对此举也提出了赞赏。他说:"5月22日可以说是伟大之举,是对国家报恩尽忠,我想泰国人大多对阿堵(巴育的小名)总理的举动赞同、满意并且自豪。"

2016年10月,普密蓬国王驾崩后,炳被委任为摄政王。12月7日,炳上将携10位新任枢密院大臣觐见拉玛十世哇集拉隆功国王,并聆听国王谕示。拉玛十世说:"有炳爸来做(枢密院)主席,我很暖心!"当他说这番话时,语调和表情与其说是一位君主在训示臣下,倒不如说是一个晚辈在向长辈致敬。

2019年5月1日,拉玛十世迎娶素媞达王后,炳上将与诗琳通公主作为证婚人,足见他在国王心目中地位之高。炳上将最后一次在公众面前亮相是5月4日拉玛十世的加冕大典,他作为王国最重要的9人之一,向国王进献西北方圣水。当他颤颤巍巍地将水呈献国王之时,国王主动屈身前凑,这一幕将永远定格在泰国民众心中。一生以捍卫王室为己任的炳爸与他忧之爱之的国王,就此永别。

五、结语

炳·廷素拉暖上将,泰国民众口中的"炳爸",经历了近一个世纪的风风雨雨,终于在完成了拉玛十世国王加冕大典后,安然离去。"四柱宫"内,一片静阒,斯人已逝,空留传奇。

炳是泰国历任总理中,唯一一位没有结婚的。终其一生,孑然一身。大多数人可能都会认为,炳是一位历经枪林弹雨、铁血果敢的军人,可能缺乏一些浪漫柔情,所以一直未有女伴。然而,大多数人并不知道,炳上将其实是一位极具造诣的音乐家。写下这些文字的时候,我正在聆听"炳爸"95岁时演唱的歌曲《月光之下》。歌词极美,试译如下:

此夜有月,美悬于天。月兮月兮,携爱飘远。何处何路,盼月倾言。

犹记彼夜,卿倚我前。爱意顿升,氤氲延绵。爱抚相慰,心灵互鉴。

拥卿在怀,我歌如呓。沐于月下,我心盈悦。惜乎此夜,唯月在天。

月兮月兮,携我飘远。卿归何处?我心永恋。

他边弹钢琴,边低吟浅唱。演奏和吟唱配合得天衣无缝,听众完全沉浸在优美凄婉的旋律之中,享受这位德高望重的翩翩老者带来的美。我时而在想,普密蓬国王和炳上将之间的情谊,是否如同钟子期和俞伯牙呢?如果真是那样的话,炳·廷素拉暖上将这位毕生捍卫王室和国家的忠臣,又可以在天堂与他的知音普密蓬国王相会,高山流水,携手同行。

参考文献

[1] ประสพ รัตนากร และคณะผู้จัดทำ. ชีวิตและความภาคภูมิใจของพลเอก เปรม ติณสูลานนท์. กรุงเทพฯ: มูลนิธิรัฐบุรุษ พลเอกเปรม ติณสูลานนท์. ๒๕๓๘

[2] พันเอก ขจรศักดิ์ ไทยประยูร. บารมีทางการเมือง: พลเอกเปรม ติณสูลา นนท์. กรุงเทพฯ: คลาสิคสแกน. ๒๕๖๑

[3] มูลนิธิรัฐบุรุษ พลเอกเปรม ติณสูลานนท์: มองกองทัพผ่านผลงานรัฐบุรุษ พลเอก เปรม ติณสูลานนท์. กรุงเทพฯ: โอ. เอส. พริ้นติ้งเฮ้าส์. ๒๕๔๓

[4] มูลนิธิรัฐบุรุษฯและคณะเพื่อน11: ๗๕ปี รัฐบุรุษ พลเอก เปรม ติณสูลา นนท์. ๒๕๓๘

(作者系国防科技大学国际关系学院副教授)

日本人心中的"英雄"
——印度人帕尔

曹 宇

摘要:印度法官帕尔在参加东京审判期间,堂而皇之撰写了所谓的"帕尔意见书",其核心结论是"日本战犯全员无罪论",之后在1952年出版了长达60万字的《日本无罪论》。由此,在日本右翼的推波助澜下,他被打造成所谓的"英雄",靖国神社还竖立起帕尔纪念碑。这股"帕尔神话"的背后隐藏着不可告人的目的和企图,即为历史翻案寻找法理依据。

关键词:靖国神社 帕尔 意见书

对于我们中国人而言,靖国神社并不陌生。众所周知,位于日本东京都千代田区九段坂的靖国神社是祭祀战死军人的神社,其主要供奉在戊辰战争①、佐贺之乱②、西南战争③等国内战争和在甲午战争、日俄战争及两次世界大战中的丧生者,其中既包括维新志士吉田松阴④、高杉晋作⑤、坂本龙马⑥等,也包括普通的女学生、医护人员等。之所以有名,是因为这座神社中如今存放着14名"二战"甲级战犯和约2 000名乙、丙级战犯的牌位,包括前首相安倍晋三在内,日本多名首相在任期内都去参拜过,引发了包括中国在内

---

① 1868年1月,明治天皇发布《王政复古大号令》,废除幕府,从而引发幕府军和新政府军之间的冲突,此次战斗一直持续到1869年春,以新政府军获胜结束。
② 明治七年(1874年)二月,以江藤新平为首的旧佐贺藩武士2 000多人认为新政府对朝外交软弱,发动叛乱,后被政府军击败。
③ 明治十年(1877年)二月至九月,政府军平定以西乡隆盛为首的鹿儿岛士族的反政府叛乱。
④ 江户末期的政治家、思想家、教育家,被认为是明治维新的精神领袖及理论奠基者。
⑤ 江户末期的政治家和军事家,是长州藩的讨幕领袖之一。
⑥ 倒幕维新运动的活动家、思想家,是促成萨摩及长洲两藩结成军事同盟的重要推手。

的世界许多国家的反对和抗议。

在靖国神社游就馆门口,放着一尊印度帕尔法官的纪念碑,这是靖国神社内唯一的外国人纪念碑,上面的碑文是"当时间淡化狂热与偏见,理性揭开虚伪的面纱,只有那个时候正义的女神才会在维持公正的基础上,要求改变过去的诸多赏罚",这是帕尔在远东国际军事法庭上的一段原话。能在靖国神社为其树碑立传,可见帕尔在日本人的心目中地位之重。此外,在京都的灵山护国神社、广岛的本照寺、富山的护国神社等处也都设有帕尔纪念碑。事实上,时至今日,日本一些右翼团体和民众,尤其是日本遗族会中的右翼分子把帕尔吹捧为"仗义执言、学识渊博的英雄",对其描述得活灵活现,几乎接近"神话"的程度。

一、帕尔的"乌龙出场"

日本宣布无条件投降后,美国对东京审判的最初构想是在日本投降书上签字的九个国家①各出一名法官,组成远东国际军事法庭,参与战犯审判工作。但英国为了增加自身影响力,坚持加入作为其殖民地的印度,英美为了这个问题发生争论,一直到开庭前一周,美国才做出让步,并要求同时增加作为其前殖民地的菲律宾。印度政府军事部负责此次法官选拔工作,他们曾挑选了几名合适人选,结果对方对此并不感兴趣,纷纷婉拒。此时,东京审判已迫在眉睫,急于完成任务的军事部向孟买、马德拉斯(现名金奈)、加尔各答、拉合尔四地高等法院发函,寻找愿意参加东京审判工作的人,任期半年以内,如有同意者火速回函报告。最终,帕尔被推选为印方代表参加东京审判,原因竟然是他同意赴任的回电是4月24日,略早于他人。很快,印度政府办公厅发现帕尔资质不符,因为他的本职是律师,并非正式法官,只不过是在正式法官缺员期间,被临时任命过代理法官。军事部迅速道歉,但因为时间紧迫,加上为了维护己方的所谓面子,印度政府并未再寻找合适人员替换帕尔,而是将错就错。就这样,帕尔阴差阳错地作为印方代表,参加了远东国际军事法庭的审判工作。由此可见,帕尔并非真正的合适人选,他不过是"乌龙出场"而已。

---

① 即美国、中国、英国、苏联、澳大利亚、加拿大、法国、荷兰和新西兰。

二、"帕尔意见书"

帕尔虽然乌龙出场,但他在远东国际军事法庭上态度强势、措辞生硬,所持立场和其他国家的法官完全背道而驰,很快就与他们产生隔阂,而且分歧不断加深,帕尔感受到自己的孤立状态,从而对审判失去热情,中间一度请辞返回印度。重回东京后,帕尔根本就不关注审判工作本身,根据当时的庭审记录,他共缺席109次审判,除了出庭,把主要精力和时间都放在"意见书"的撰写上,他终日研究所谓的证据文件和参考资料,最终完成了十几万字的所谓"帕尔意见书"。

帕尔意见书的核心结论就是"日本战犯全员无罪论"。联合国方面共安排11位法官,在最后的审判中,11名法官中有5名法官对判决表示了不同意见,其中4名法官对个别案例的量刑提出异议,只有帕尔坚持日本战犯"全员无罪"。

帕尔认为远东国际军事法庭的判决是不公平的,认为这是胜利者对战败者的审判。

首先,帕尔认为远东国际军事法庭的建立受到了《远东国际军事法庭宪章》①的极大干预。帕尔认为东京审判没有相关的法律依据,《东京法庭宪章》只是通过引用1928年的《关于废弃战争作为国家政策工具的一般条件》(又称《非战公约》)而拟制的,而《非战公约》不具备任何法律效力,因而《远东国际军事法庭宪章》也同样不具备任何法律效力,它只是战胜国为惩罚战败国而刻意设计的,也就是所谓的"胜王败寇"。另外,针对《远东国际军事法庭宪章》第二章的规定,即远东国际军事法庭的法官团成员应从日本投降书签字国(不包括日本和中立国)、印度及菲律宾中选出这一点,帕尔认为这有不合理性,法官团成员的涵盖面偏窄,有利于战胜国,设立远东国际军事法庭的实质就是为了指控并审判日本人,从法理而言,如此法官任命方式有待商榷。他反对由战胜国对战败国进行审判并做出裁决,理由就是战胜国不可能给予战败国"公正"。帕尔认为法官团产生本身就意味着对被审判者做了有罪设定,进而也就意味着对被审判者的定罪也做了事先安排。

---

① 《远东国际军事法庭宪章》简称《东京法庭宪章》,是东京审判的重要文献之一,参照了纽伦堡法庭的宪章版本,是法庭必须遵循的规则。它对法庭的组织、任务、职权、审判程序及管辖权都作了详细的规定,已成为国际上审理国际罪犯的重要国际法参考文献。

其次,帕尔在意见书中还对远东国际军事法庭的"事后立法"提出质疑。他的观点是"普通战争罪"属于法庭管辖权范围,因为这种罪行事先存在于国际法中。然而,他反对远东国际军事法庭当时定义的"反和平罪"和"反人道罪",因为这些罪名在此前的国际法中没有依据。他的观点是日本同意接受的《波茨坦公告》发表于1945年7月26日,而两周后的《伦敦协定》(即《关于控诉和惩处欧洲轴心国主要战犯的协定》)才将战争犯罪概念扩大,将"反和平罪""反人道罪"补充进去。他在意见书中写道,"远东国际军事法庭将不复为一个'法律审判庭',而仅仅是一个显示权力的工具"。他认为如果靠事后法审理和战争罪行相关的案件,很多国家会误认为战胜方有权不顾现行国际法规则来审判战败方。"假如东京审判援引事后法,它终将导致侵略战争的扩张和国际秩序基础的崩溃,而不是带来战争的终结。"

最后,"帕尔意见书"对体现日军战争暴行或大屠杀等事实的证言或证据始终抱着极为怀疑的态度。他认为多数口述的虐杀行为不过是政治宣传和道听途说的结果。在审判中,帕尔认为远东国际军事法庭的法官团没有对最有力的证据加以支持,而只是接受那些不能加以确认的第二手、第三手证据或证词。例如,当南京大屠杀幸存者和约翰·马吉作为证人在法庭上陈述日军在南京烧杀抢掠的暴行时,帕尔的评论是:"我能确定我们是在对激动的或有偏见的目击者所做的证词进行总结。那两位证人都是在最肤浅的观察基础上给出证词的,因而法庭应为它们的可信度做出更仔细的审查。"根据《东京法庭宪章》第十三章规定,远东国际军事法庭可以不受出示证据规则的束缚,并能采用任何它认为有价值的证据。帕尔认为这种证据采用方式会使法庭接受许多可疑而又无法确认的证据,并使法官的审判受到情感上的影响。帕尔认为日本在战争中的行为肯定不会得到世界的赞赏,但也很难将其作为犯罪来界定,只能受到道德层面上的谴责。

帕尔提出其反对意见不是偶然的,而是有其深刻的政治缘由及历史背景。帕尔的反对意见虽然没有得到印度官方的正式承认,甚至当时的印度外交、国防系统的官员还签署了一份备忘录,对外界声明"帕尔法官并非作为政府代表参加远东国际军事法庭,他没有收到来自印度政府的任何指示,也未得到印度政府的任何指导……他的发言和态度属于他个人行为,不代表印度政府的态度"。但不可否认的是,"帕尔意见书"中的一些观点反映出当时一部分印度人的想法,许多印度报刊也撰文表示支持。这其中蕴含着深层次方面的原因,和当时印度刚刚摆脱英国的殖民统治密切相关,可以说,当时许多印度人并不憎恨日本战犯,反倒对长期在印度实行残酷殖民统治的英国充满了愤恨。这是因为英国长期无情掠夺印度的财富,残暴奴役印度人。为了争取国家独立,印度人进行了包括非暴力不合作运动在内的各种形式反抗和抗议,特别是在第二次世界大战期间,英殖民当局已经无法掌控当地的民族主义政治势力,印度人的民族意识空前活跃,强烈要求摆脱英国的殖民统治。与此相对,"二战"期间,日本出于战略上的考虑与需要,在意识形态上,大肆宣扬反对英国殖民统治,并打出了"印度是印度人的印度"的口号,同时宣称日军是前来帮助印度人寻求解放并驱赶英国殖民者的。这些做法赢得了部分印度人的好感,甚至一些印度的反殖领袖干脆和日本军队相勾结,例如在新加坡陷落后,从被俘的印度人中招募组建了一支新军,取名为"印度国民军",并任命激进的民族主义者鲍斯为总司令。由于鲍斯是印度国民议会的著名领导人,是议会激进派的象征,因而他的加入对印度人产生了很大的影响和效应。另外,日本在经济及其他方面也对印度的反英运动有所资助,这进一步迎合了印度人的心意并增强了他们对日本的认同感。帕尔本人也是激进的民族主义者,他曾对鲍斯的行为表示赞赏和支持。在他的心目中,"印度是印度人的印度,亚洲也是亚洲人的亚洲"这一观念可谓根深蒂固。换言之,对于长期遭受英国殖民统治的帕尔等人而言,日本在太平洋战争爆发后提出的"大东亚共荣圈"思想反倒更有市场,更受欢迎,和他们急于摆脱英国殖民统治的想法更加贴合。可以说,帕尔在内心中并没有觉得日本发动的是一场侵略战争,而是为了驱赶西方殖民者而进行的"自卫之战",而且,他还觉得美国在日本投下原子弹,给平民造成严重伤害,这也属于战争罪行却没有提交远东国际军事法庭,这是典型的"胜王败寇"的表现,是西方国家"恃强凌弱"的反映。总而言之,帕尔提出反对意见是建立在反西方殖民主义和原子弹破坏的基础之上的,这和"二战"时期印度独特的局势和帕尔本人的思想发展轨迹有着不可割裂的联系,这也势必影响他在远东国际军事法庭上的立场。但他为日本侵略战争辩护,认为日本战犯"全员无罪",显然完全忽视了日本侵略战争给中国以及其他受害国所造成的巨大伤害。他把日本的侵略战争和所谓的"亚洲解放"混为一谈,偷换概念,偷梁换柱。把帕尔定性为一个极其狭隘的民族主义者也不为过。

三、"帕尔神话"

帕尔回到印度后,虽然后来也成为加尔各答大学的副校长,但并没有成为英雄人物,随着时间流逝,渐渐也淡出公众视野,被人遗忘。但在日本,他由于在1952年出版了长达60万字的《日本无罪论》,顿时声名鹊起。在日本政界一些别有用心之人的推波助澜下,他被打造成"不畏强暴、仗义执言者",成为许多日本人心中的大英雄,右翼团体甚至把他陈述个人观点的意见书篡改成"判决书"。1952年和1953年,日本前首相安倍晋三的外祖父两度邀请帕尔访问日本,让他到大学演讲、会见右翼团体和拘禁在巢鸭的战犯、拜访包括东条英机家属在内的甲级战犯家属等,核心就是让帕尔宣扬"日本无罪论"。佐藤荣作出任首相后,在1966年邀请帕尔第三次访日,称帕尔为"和平运动做出了贡献"。1967年1月10日,帕尔在加尔各答的家中去世,佐藤荣作以首相名义亲发唁电,表示哀悼。正是在岸信介和佐藤荣作等人的授意和运作下,1975年日本在箱根建立了帕尔纪念馆。2005年,靖国神社竖起"帕尔显彰碑"。那段时间,帕尔在日本就是一个"神话"人物,获得日方许多殊荣,他出席NHK电视台节目,获得日本大学名誉博士称号并在主流媒体频频发表文章。日本媒体对他的描述也逐渐"神化",夸大之词、溢美之词比比皆是,说"帕尔之所以参加东京审判,是为回应密友尼赫鲁的恳请与期待","帕尔是精通国际法的专家";右翼学者甚至在《读卖新闻》上撰文,为帕尔"歌功颂德",称"在东京审判期间,西洋战胜国乘势猛然扑向战败国日本之际,决心作为亚洲民族的代表,奋起迎战的正是此人。帕尔肩负(印度)朝野厚望,辞职来日赴任"。

事实上,日本前首相安倍晋三对帕尔及其"功绩"也是念念不忘,他和帕尔可谓渊源颇深,1966年帕尔访日时,就与安倍晋三的父亲安倍晋太郎相谈甚欢并合影留念。2007年,安倍晋三在第一个首相任期中访问印度时,亲自拜访帕尔的长子并表示对帕尔的感激,并将对他的评价提高到"构筑日印关系基础"的高度。2014年9月1日,安倍晋三在接待印度总理莫迪的晚宴上,主动提及帕尔,"我们没有忘记帕尔法官的作用"。

日本政界,尤其是日本右翼势力费尽心机打造"帕尔神话",其背后有着不可告人的目的和企图,主要就是为历史翻案寻找法理依据。长期以来,日本右翼势力一直在历史教科书问题、否定南京大屠杀等方面大做文章,尤其是对"二战"结束后设立的远东国际军事法庭和东京审判耿耿于怀,而帕尔的"意见书"及"全体甲级战犯无罪论"的出现可谓是一根救命稻草,该意见书经过日本右翼势力的断章取义、虚构想象和谎言重复,成了他们对东京审判提出质疑和翻案的依据,而帕尔本人也在他们的夸大渲染下,俨然成为远东国际军事法庭上唯一的国际法专业人士,成为所谓的"正义化身"。尤其是安倍晋三担任首相后,一直希望通过修改宪法来摆脱战后体制,而否定日本战犯的战争责任就是重要一环,更何况他的外祖父岸信介曾经就是甲级战犯嫌疑人。

长期以来,我们对于帕尔和"帕尔意见书"的研究还不够深入,必须对其观点和所谓的"意见书"进行正面和有力的还击。帕尔表面上是严谨而教条的法律主义者,但出于狭隘的民族主义思想和个人情感,不顾历史事实,有意识挑选对自己观点有利的证据,仅从狭隘的法理学角度阐释自己的观点,这不是一个具有正义感的法官所具有的品质。他的意见书也漏洞百出,不过是日本右翼政客用来遮羞翻案的工具而已。

参考文献

[1] 中里成章.パル判事—インド・ナショリズムと東京裁判.東京:岩波書店,2011.

[2] 中里成章.帕尔法官:印度民族主义与东京审判.北京:法律出版社,2014.

[3] 日暮吉延.東京审判.東京:講談社,2008.

[4] 牛村圭,日暮吉延.東京裁判を正しく読む.東京:文芸春秋,2008.

(作者系国防科技大学国际关系学院副教授)

缅甸：民盟民族整合的特点探析

杨叶雨　宁　威

摘要：民族整合是整个民族国家建设历史进程中不可或缺的组成部分，由于特殊的政治、经济、文化、地理环境，缅甸每个历史阶段的民族整合的方式、路径、价值取向各有不同。历经吴努政府、奈温政府、新军人政府、吴登盛政府，民盟政府的民族整合站在了新的历史起点上。如何继续推动民族整合向前发展，是民盟政府面临的艰巨任务。民盟政府执政两年多以来，在民族整合方面虽然下了很大功夫，各方的期待也很高，但实际成效不明显。总体来看，缅甸民盟政府的民族整合呈现着整合主体二元化、整合取向多元化、整合路径双向化等新的特点。

关键词：缅甸　民盟　民族整合　特点

缅甸是一个多民族国家，民族构成复杂，跨境民族众多，民族整合问题贯穿整个民族国家构建历程。1948年，缅甸联邦的成立，使缅甸拥有了现代民族国家的基本形式，但离一个真正意义上的现代民族国家相距甚远，其最主要任务之一就是在主权国家框架内，以"缅甸人"的公民概念为纽带，把多元化的民族整合进缅甸，使少数民族超越本民族认同并形成国族认同和国家认同。这对于缅甸这个地区经济社会发展差异巨大、民族矛盾异常尖锐的国家来说绝非易事。吴努、奈温时期，中央政府在民族整合中推行"同质化"整合方式，遭到强烈反抗，少数民族遂建立武装以维护切身利益，以"铁"和"血"来反对大缅族主义者的同化政策，同时将缅甸推入了民族冲突的混乱状态，民族国家建设陷入困顿。新军人政府时期，中央政府的整合方式逐渐趋于平和，主要的少数民族地方武装（简称"民地武"）基本与政府实现了和解，放弃独立建国的民族政治诉求，承认是联邦国家的一部分。但少数民族武装仍然是"拥兵自立,占地自管",缅甸政府对他们最基本的要求是不得退出缅甸联邦。吴登盛政府时期,缅甸的民族整合取得了有效推进,确立了民族整合的基本框架,争取到8支少数民族武装加入全国停火协议,一系列的整合措施使得大部分少数民族的国家认同增强,为民盟开展民族整合打下了良好基础。缅甸民盟政府的民族整合呈现着整合主体二元化、整合取向多元化、整合路径双向化等新的特点。

一、整合主体二元化

民族整合的主体,是民族整合活动的领导者、组织者、实施者、参与者。一般而言,不同时代、不同国家、不同时期,民族整合的主体是不同的,往往存在不同程度的差异和变化。多民族国家的民族整合涉及的因素较多,包含政治、经济、文化和社会等方面,主要是国家政权及其机构通过行政、非行政手段和方式管理、整合、控制这些因素,将其整合为有特定规律的、共同履行特定职能的共同体。在当今的民族国家中,民族整合主体逐渐发生变化,即由一元化向多元化转变的趋势日益明显。在当代发达的民族国家中,民族整合的主体基本上实现了多元化,如美国、加拿大等,除了国家及政府各种机构外,各种政党、社会组织都共同参与了民族整合,一些非政府组织参与热情也相当高。民族整合主体的多元化,顺应了民族国家建设的新要求。因为民族整合单靠政府来主导与实施,推进起来质量和进度都不会太理想;如果有社会的共同参与,必定会形成合力,实现联动,朝着良性方向发展。

缅甸自独立以来,民族问题一直未得到妥善解决,在建设民族国家的努力中,民族整合成为关键性问题,谁能主导民族整合,谁就能拥有最高话语权,主导民族国家的建设。长期以来,缅甸基本处于军政一体的政治模式,缅军长期掌握国家政权,很少有其他相关组织共同参与民族整合,民族整合的主体自然呈现一元化特点。诚然,民族整合仅由国家和政府来主导实施,利用政权力量对各因素进行控制管理,对于维护国家统一和民族团结是有积极意义。但在国家现代化进程中,一元化的民族整合显然不能满足国家政治、经济、文化和社会发展的多元需求。

民盟政府上台后,民族整合主体呈现军政二元化趋势。在政治舞台上,尽管军人退居幕后,但其作用仍然是不可忽视。缅甸军方主导政治有半个多世纪,其政治影响力绝不会瞬间消失殆尽。即便是在民盟政府执政下,军方的作用及地位依旧会很特殊。面对各界担忧民盟与缅军无法和平共处的问题,民盟和缅军以理性、合作、协商的姿态,较好地处理了彼此的关系,实现了政权的平稳过渡。2018年3月下旬,吴廷觉突然宣布辞去总统职务,缅军也未乘机发难,而是配合民盟完成了人事调整。但是,这并不意味着双方的矛盾就消失了,双方仍存在结构性矛盾,民盟政府要推进反腐、修宪,军方要维护在国内和平进程中的主导地位和在经济领域的既得利益,决定了双方在很多根本性问题上发生摩擦的风险并没有消除。

民盟执政后,昂山素季亲自挂帅,将民族和解作为首要任务,积极筹办"21世纪彬龙会议",提出了"全面包容"的民族整合理念,向外界展示了重视民族和解、希望实现国家和平的决心。2016年10月,昂山素季提出"国家和平七步路线图":商议政治对话框架;修改政治对话框架;按照政治对话框架召开21世纪彬龙会议;根据21世纪彬龙会议结果签署21世纪彬龙协议;根据21世纪彬龙协议修宪;依照宪法举行多党民主制全国大选;根据大选结果建立民主联邦①。两年多来,"彬龙会议"蹒跚前行,前后召开了三次会议,取得了说服新孟邦党和拉祜民主联盟签署全国停火协议的阶段性目标,使得该协议的签字组织达到了10家。但以佤邦为首的联邦政治谈判委员会依然拒绝签署全国停火协议,一些组织与缅军的冲突仍在继续,与民盟上台伊始的雄心壮志相比,当前缅甸和平进程的成果和前景都不乐观。从实际情况看,要想实现完全停火,其决定权主要在缅军和相关少数民族武装组织手中。民盟政府并不能直接决定民族武装冲突是否停止,毕竟民盟政府对缅军的影响较为有限,因此做的更多的是为二者搭台。尽管如此,缅甸大多数民众并未因此苛责民盟政府,因为很多政治精英和普通百姓认识到,缅军主导着和解进程,昂山素季和民盟政府可用的办法和资源少得可怜。

在2008年宪法框架中,军方的主导权仍然存在,联邦议会中1/4的席位归军方,国家国防与安全委员会11名成员,军方至少占据6个;在修宪方面,特别是修改涉军的条款,必须获得联邦议会75%以上的代表同意才有可能修改;军方还拥有紧急状态下接管国家政权的权力。但较之以往,令人欣慰的是,军队对民主的态度有改观,持半开放的态度,谓之"有秩序的民主"。可以说,缅甸民主推进的关键在于政府与军方的协调,和则进,反之则退。政府和军方双方互相平衡,政府利用其合法性控制国内政治事务,军方利用"民地武"和恐怖主义问题掌握控制国内安全局势的走向,这种微妙关系极大地影响了民族整合进程。

---

① NCA周年庆典,昂山素季公布七步和平路线图.(2016-10-16)[2019-12-25]. https://mp.weixin.qq.com/s?_biz=MzA3MzIwNjYzOA%3D%3D&idx=1&mid=2650308111&scene=6&sn=3f9cb1aaa78fa12934b6f83fc9858043.

二、整合取向多样化

多民族国家的民族整合实践总是带有强烈的目的性,某种价值取向总是自觉或不自觉地形成,继而对民族整合发挥着重要的影响。民族整合的总目标是达到国家稳定统一、民族关系和谐,而在具体目标或具体实践中,往往产生较大差异。纵观当代多民族国家,民族整合的价值取向存在着"求同论""公民化""文化化""和谐论""民主论"等五种主张。在极权政体或者威权政体下,尤其是在军人政权下,民族整合的求同取向较为普遍[①]。

纵观缅甸的民族整合,吴努政府、奈温政府和新军人政府三个时期民族整合的价值取向有较大差别,但"大缅族化"的深刻烙印始终相伴相随,充分体现了同质化取向。通常来讲,解决民族武装冲突问题,需要一整套完整翔实的综合性方案以及成熟的内外部条件,相关各方共同参与、相互包容、和平协商、妥协支持,才能取得实质性进展。然而,历史上缅甸民族国家构建中的"大缅族主义"理念和国家制度等方面的影响和限制,使得民族整合的成效并不大。以昂山素季为首的民盟执政后,民族整合呈现出与以往政府不同的取向。

一是多元包容取向。多元文化主义,是一种在自由主义宪政框架内以寻求族群平等与共存为目标、以承认族群权力为核心的政治思潮与政策,主要处理的问题是民族国家内部多族群之间、少数群体与多数人之间的冲突与矛盾,以及族群文化多元与国际政治一体之间的关系问题。包容性是多元文化主义的核心价值观,这种包容要求的是对少数群体差异性的包容,为的是平等、民主地处理民族国家内部族群之间的文化差异问题。正是由于当今民族国家族群文化差异性的存在,多元包容取向有了其存在的价值和必要,可以被认为是一种民族国家处理国内族群矛盾的政治思想或者具体化了的族群政策,这个取向在缅甸的多民族、多文化和多宗教的环境中尤为重要。在缅甸民族解放运动和独立建国过程中,1947年2月昂山素季的父亲昂山将军与部分缅甸少数民族代表研究通过了深具历史意义的《彬龙协议》,协议规定了少数民族地区自治权、联邦对边疆的财务援助、少数民族地区享有的各项公民权利与特权等。1947年《缅甸联邦宪法》充分体

---

① 钟贵峰. 缅甸民族国家建设中的族际关系治理研究. 北京:中国社会科学出版社,2017.

现了昂山将军这些建国理念,明确了联邦制的政体和少数民族邦成立的条件和要求等,规定了必须承认少数民族在语言、文化、传统等方面与主体民族的差别,以及作为人的权利、与民族习俗有关的权利、文化权和自由交往权、派合适代表参加立法委员会等权利。然而,好的思想不一定被很好地落实。自吴努政府开始及其后的军人政府无视《彬龙协议》《缅甸联邦宪法》的规定,对各少数民族的权利加以削弱或限制、取消或收回。他们试图推行"大缅族主义",即以缅族为中心,以"一个种族、一种语言、一个宗教"的理念统一全国,强制同化其他民族,追求政治、经济、文化、军事上的同质化,最终建立同质民族和国家,但这条路荆棘密布,走得异常艰难。昂山素季作为昂山将军的女儿,踏入政坛后便一贯以继承和发扬昂山将军精神为己任。民盟政府成立后,一改之前历届政府的大缅族主义作风,不再强推大缅族主义以同化其他民族,民族整合呈现出较为明显的多元包容取向。首先是民盟政府倡导并推进的"21世纪彬龙会议",这是在回归1947年《彬龙协议》精神的同时赋予其"族际平等、团结合作"的新时代内涵,最终达成"21世纪彬龙协议",它是和平进程进入实质性阶段的重要标尺。其次,在民族和解的对象上,民盟政府强调所有人的参与性,无论组织规模大小,无论处于何种状态,或交战或停火,希望先放下成见参与对话,各少数民族组织也获得了充分的言论自由,就民族和解与民主联邦的构建畅所欲言,百花齐放。

  二是民主化取向。民盟掌握了国家政权后,具有了较强的合法性,为了得到大部分民众的认可和支持,民盟政府必将民主化进行到底。同时,昂山素季认同主权在民的观念,她承认国家的主权属于人民,人民拥有政治权力,民主就是统治者遵守并实施人民的意愿,对国家进行治理。基于此,民盟在民族整合方面的民主化取向尤为明显。在接手民族整合工作后,民盟推动了公众权利自由和政治参与的拓展,昂山素季身体力行,在多个场合呼吁国内各界参与和平进程。2017年1月1日,昂山素季在内比都与全国青年代表进行了和平对话(Peace Talk),她在会上强调,在实施和平目标的过程中,青年的力量是不可或缺的,广大民众有责任动员各方组织进一步了解并参与和平事业,呼吁大家共同参与和平进程。昂山素季还前往孟邦、掸邦、克伦邦等地,与当地民众见面,做出类似表示。在第三次"21世纪彬龙会议"召开前,民盟政府甚至在网上发布消息,允许民众自行申请作为观察员出席会议。另外,在民主化背景下,缅甸民众对政治重要性的认可度非常高,政治重要性被人为放大,因此,缅甸民众通过多种方式参与了民族和解等问题。如2017年1—2月,密支那、仰光、勃固及毛淡棉等地爆发大规模群众游行示威活动,要求全面停止内战。

三是民族国家建设取向。作为典型的多民族国家,缅甸要建设民族国家,民族整合是必然选项。民族国家建设取向本质上是一种"国家主义",是符合民族国家本质特征的取向,既体现了民族国家的"国家属性",也兼顾了"民族属性"。昂山素季及其政府建设民族国家的方针是建立民主联邦制,已经有了方向纲领,推动民族和解是最为基础的一步。2016年10月,昂山素季提出了"国家和平七步路线图"。目前的缅甸和平进程步入了关键时期,在向第五步(根据"21世纪彬龙协议"修宪)迈进。民盟政府最终目的是建立新的民主联邦。对此,昂山素季始终认为应该赋予少数民族平等之权利,少数民族有权表达自身诉求和对建立民主联邦国家的意见建议,这正是昂山素季积极推动召开"21世纪彬龙会议"的初衷所在。另外,由于缅甸民族、宗教矛盾长期受到压制,若开地区罗兴亚人问题已成为国际社会关注的热点,民盟政府上台后,势力各方都在寻求新的解决路径,但成效不明显。政府期望引入国际势力,反对党主张国内自行解决,而少数民族极端主义者则走恐怖主义路线,这表明在价值信仰和国家认同上,大缅族主义扩张与少数民族自保之间的斗争从未停止,在新的内外形势下,多方势力的角逐导致民族整合呈现出很多不稳定因素。

三、整合路径双向化

从民族整合的理想图景来看,民族整合不但要注重民族之间的环境与政治系统的内外呼应,也要注重民族整合内部的上下互动。只有民族整合体系中的主客体能够充分相向互动,民族整合的成效才能得到保证。政府、社会组织和族员这三者必须成为民族整合实践活动的主要参与者,才能构建平等、团结、互助、和谐的民族关系。民族整合的性质、内容、特点等很大程度上被三者相互作用和影响所决定[①]。在这个整合主体互动问题上,不仅民族政治整合如此,民族关系整合更是如此。通过联动与互动,民族整合的主体能更有效地把握民族关系的性质、特点、内容及少数民族的核心利益诉求,以便在整合实践中及时有效调整策略路径,协调矛盾纷争,推动良性发展。

在民族整合的互动中,政府的主导作用若发挥得好,那么将产生良好效应,势必大大

---

① 陈纪.多维互动:族际政治整合机制研究.广西民族研究,2007(3):6.

增强整合效果;自下而上进行互动的族员对整合起着积极推动作用。多次互动后,"少数民族族员将会淡化族别意识,增强互动角色意识,从而实现由民族认同到国家认同的转向"①。互动联动是民族整合的有效途径,这样才能形成民族整合的多维互动。

民盟政府执政前,缅甸民族整合的路径完全呈单向化和线条化,缅甸的民族整合是由政府自上而下地进行,即政府一方主导,提出整合的方式、路径及方案,其他各方则扮演配角的角色,只能被动接受或者拒绝。吴登盛政府提出"全国民族和解路线图"后向少数民族武装组织发出倡议——签订全国停火协议,先后与少数民族武装组织进行了长达九轮的谈判,终于基本敲定了全国停火协议,少数民族武装组织在其中加入了很多自己的设想和诉求。最终,缅甸中央政府与8支"民地武"签署了全国停火协议。随着民盟取得大选胜利,缅甸政治实质性转型拉开序幕,民族和解的希望重新铺就。尽管很脆弱,但较之军政府时期,仍然值得期待。但2015年大选胜利前后,昂山素季对全国停火协议的立场有所不同。2016年1月,吴登盛政府举办首届联邦和平大会,昂山素季出席并表示,民盟成立以来的原则是开展基于"彬龙"精神的和平对话,实现国家和平的第一步是签署全国停火协议,民盟致力于实现所有"民地武"组织都参加签署全国停火协议②。民盟正式执政后,昂山素季称召开"21世纪彬龙会议"的基础是签署全国停火协议。各少数民族武装组织因民盟立场的转变对昂山素季及民盟信任感锐减,体现在:一是2016年8月召开的第一次"21世纪彬龙会议"未达成实质性决议;二是政府军与"民地武"之间的武装冲突仍在继续。少数民族武装组织对缅政府、缅军根本的不信任源自长期的武装冲突。而后,前国务资政昂山素季再次重申信任"在达成和平的过程中的重要性,而其他问题同样也可以通过相互信任而得到解决"③。

缅甸政府军与少数民族武装组织之间的冲突,以及2017年2月部分少数民族武装组织决定不签署全国停火协议,让民盟主导的和解进程再度停滞,陷入僵局状态。原因在于双方对"彬龙协议"精神的理解不同,对和解目标存在差异,少数民族武装组织也出现了不同态度和立场。新孟邦党和克钦独立组织追求的主要是政治诉求,而掸邦东部同盟军和果敢同盟军追求的是经济诉求。大多数和解组织则希望保持既有地位和武装力量,继续进行自治,并获得经济利益。

---

① 陈纪. 多维互动:族际政治整合机制研究. 广西民族研究,2007(3):8.
② 孔鹏. 缅甸民盟政府的民族和解政策与前景. 当代世界,2017(2):52.
③ "State Counsellor Meets Peace Process Steering Team,". (2016-08-24)[2019-12-25]. http://www.president-office.gov.mm/en/? q=issues/peace/id-6541.

目前,缅甸一些少数民族武装组织,同军方以及政府各自所追求目标的兼容性或低或无,加之少数民族武装组织希望长期保持"拥军自立、占地自管"的现状,若按照2008年宪法、吴登盛时期的全国停火协议及路线图,缅北"民地武"的诉求是不可能实现的。

基于以上原因,缅甸少数民族精英也提出了一些合理化的建议。

一是民族联合联邦委员会(UNFC)提出了四项十六字基本立场:全国停火;分清领土;保持武装;高度自治。民族联合联邦委员会主张:在四项基本立场保障下,进行全面包容的、长期的政治对话,实现真正的联邦政治体制。但目前,民族联合联邦委员会的主要领导者克钦独立组织已退出,新孟邦党和拉祜民主联盟签署全国停火协议后也已申请退出,仅剩下红克伦民族进步党(KNPP)、若开民族委员会(ANC)、佤民族组织(WNO)等几家实力较弱的少数民族武装组织,掸邦军班帕部虽未退出,却基本不再参加该委员会事务,目前,该委员会处于名存实亡的状态。

二是佤邦发布《佤邦对政治谈判的总原则和具体诉求》,其中对联邦的构建提出了具体的设想和诉求,主要体现在十五个方面:"国家体制;联邦总统的任职资格;议会的议席分配;联邦国防军国家化;民族平等原则;民族邦立法权;民族邦司法权;民族邦经济发展权;民族邦财税金融权;民族邦资源所有权和开发权;与邻国接壤的民族邦地方外事权;与邻国接壤的民族邦边境安全事务权;与邻国接壤的民族邦海关以及检验检疫;少数民族军队;民族社会事务。"①作为缅甸目前实力最强的少数民族武装组织,佤邦可以说就未来联邦制提出了十分具体的构想。为了扩大影响力,其拉拢了缅北多家少数民族武装组织,组建了联邦政治谈判协商委员会。总的来说,佤邦的政治诉求是:成立省邦级的自治区;对全国停火协议,表示只要添加退出条款就考虑签署。

三是联邦政治谈判协商委员会(FPNCC)制定了政治谈判的原则,即政治谈判必须以联邦政治谈判协商委员会的名义一起会谈的政治原则。缅北少数民族武装组织深感单独与缅甸政府谈判影响力和发言权都不大,因此,2017年4月19日,以佤邦为首的缅北武装组织发布声明称,成立了联邦政治谈判协商委员会,该委员会不会接受全国停火协议,将以其他方式与政府进行政治对话,成员包括克钦独立军(KIA)、掸东同盟军(NDAA)、掸邦军班帕部、德昂民族解放军(TNLA)、彭家声部、若开军。随着缅甸政府和平力度极大、中国施加压力等因素的影响,该委员会的政策目前也处在不断修正当中,

---

① (缅)佤邦对政治谈判的总原则和具体诉求.[2019-12-25]. http://blog.sina.cn/dpool/blog/s/blog_9084449c0102wy49.html.

同时也在筹划就构建联邦制定具体文件。四个特区也提出了自己的政治诉求：坚持和平道路，不分离不独立，保卫国家领土完整；坚持三级和平协议；坚持四特三个地域民族自治权力；特区政治、军事、经济、文化等方面的协议。

四、结语

目前，缅甸和平进程步入了关键时期，缅甸要建设民族国家，推动民族和解是最基础的一步。昂山素季带领的民盟政府正在推动的是一种全包容式的整合模式。这种包容要求的是对少数群体差异性的包容，为的是平等、民主地处理民族国家内部族群之间的文化差异问题。在法律框架内，追求民族共存与平等、认同民族权力，核心是政治上的妥协，尽可能避免暴力。这个理念在缅甸的多民族、多文化和多宗教的环境中尤为重要。新的政治文化是理性的，承认黑白之间存在着众多阴影，是正确的前行道路。民盟一直秉持的"全面包容原则"虽然在军人势力的掣肘下并未真正实现，但民盟仍旧在为此努力。民盟政府的整合模式尽管远远不够完美，但将会带来更深远的影响，给缅甸民众、"民地武"、军方带来观念的更新，塑造一种新的政治文化。这种"包容"的方式被积极地接受和加强，"对话"将成为解决分歧的主要方式。

（作者：杨叶雨系国防科技大学国际关系学院讲师；
宁威系国防科技大学国际关系学院讲师）

对老挝军事法的立法研究及其对我国的启示

邵文文

摘要：随着"一带一路"倡议的推进，我国和"一带一路"沿线国家的交流日益密切。老挝作为与中国山水相邻的社会主义国家，近年来与中国交流更为频繁。两国在经贸、政治、文化等领域的交流日益深入。近年来，两国在军事领域的交流更是呈现出互动不断的局面，然而笔者观察发现，国内对老挝基本军事法律研究不多，对老挝军事法的立法情况更是知之甚少。因此，本文试从军事法立法层面对老挝军事法的立法内容、特点和原则等方面进行研究分析，为中老两国两军的进一步交流互动提供一个法律视角，同时为我国新时代的军事法修订和立法工作提供一些参考借鉴。

关键词：老挝　军事法　立法　中国　启示

老挝，作为我国"一带一路"倡议的重点国家之一，近年来与我国在各个领域的交流不断深入，主要体现在：经贸发展迅猛，双边贸易额逐年攀升，"中老铁路"等重大基础设施项目稳步推进；政治互动频繁，中老两党两国领导人互访频繁，尤其是"中老命运共同体"在两国领导人的关心下日益牢固；文化交流扩大，2019"中国—老挝旅游年"、合拍电影《占芭花开》等活动增进了两国的文化交流。

除此之外，中老两国军事方面的交流互动也很突出，如中国援建老挝103军队医院、中老举行"和平列车"联合演练、老挝边防军官来华进行业务培训以及中老边境国防友好交流活动等军事交流活动推动了两军的互信互动。然而，笔者却发现，虽然中老军事交流互动不断深入，但目前国内对老挝基本军事制度了解还不够全面，对老挝军事法的内容和立法情况了解更少。有鉴于此,本文将对老挝军事法的立法情况进行研究,试着总结出老挝军事法的立法特点和原则等内容以及其对我国的启示。

一、军事法和老挝军事法范畴

"老挝军事法"一词在国内很少听到有人提及,从字面上来看,其含义也较为含糊和宽泛。本文要对老挝军事法的立法进行研究,明确军事法的内涵对确定老挝军事法的立法研究范围和方向具有重要意义,所以本节首先试从军事法的内涵出发,对"老挝军事法"做一个概念和范围限定。

(一)军事法的内涵

首先,军事法是指由国家制定或认可,并有国家强制力保证实施的,调整军事社会关系的法律规范的总称。

其次,军事法是国家法律体系的重要组成部分,是部队开展各项工作的法律规范。军事法体系,是由不同层次军事法律规范分类组合成的若干法律部门所形成的有机整体,是国家法律体系的重要组成部分[1]。

最后,军事法的调整对象是军事关系,如国家在国防建设方面的军事关系、武装力量建设方面的军事关系、军地之间的军事关系、涉外军事关系等等。

另外,军事法具有政治性、技术性、综合性、命令性、保密性、效力上的优先性等特点。军事法中效力较高的文件是公开的,对内外公开,但由于军事斗争的残酷性和对抗性,有些军事法律法规必须在一定时期、一定范围内保密,超出一定的范围,不但无利反而有害。因此,某些军事法律文件,如关于军事训练、军队编制体制、武器装备等的规定,只在其使用范围内公开[2]。

(二)老挝军事法

鉴于军事法的内涵和军事法的特殊性,为方便讨论,本文讨论的"老挝军事法"仅限于老挝公开的军事类法律,具体的是指老挝军事法的立法主体所指定的法律。

1. 老挝军事法的立法主体

广义上的老挝军事法的立法主体包括老挝国会、老挝中央国防和治安委员会、老挝

---

[1] 军事法总论:学科分册 I. 北京:中国大百科全书出版社,2008:30.
[2] 薛刚凌,周健. 军事法学. 北京:法律出版社,2006:11.

国防部、老挝内务部等部门。

首先,按照老挝现行的宪法规定,老挝的国会为老挝最高立法机关,制定宪法。宪法是国家的根本大法,具有最高的法律地位和法律效力,规定国家的基本军事制度以及武装力量的性质、任务、地位和作用等,是制定军事法律、军事法规的依据。因此,老挝国会可以根据宪法制定军事类基本法律。

其次,老挝国防组织体系由中央国防和治安委员会、国防部、内务部组成。这就意味着上述部门可以制定部门法规、条令、条例、纲要等具有法律性质的规范性文件。其中,中央国防和治安委员会是国家的最高军事领导和决策机构,老挝人民革命党主席(总书记)兼任中央国防和治安委员会主席,略相当于我国的中央军委,可以制定军事战略和军事方针。老挝国防部是中央国防和治安委员会对老挝人民军实施领导的权力机关,同时又是全军各兵种的指挥机关,其职责之一就是负责直接掌握和判断国际国内军事、政治形势,制定各时期的军事方针。内务部是老挝治安部队(相当于我国武警)的领导机关。因此,老挝国防部和内务部理论上也可以制定军事法律类规章制度文件。

2. 老挝军事法的范围限定

由前可知,老挝国会具有制定军事法律的最高权力,中央国防和治安委员会、老挝国防部和内务部可以制定军事类的规章制度等。而本文讨论的是具有最高效力的军事类法律,即老挝国会所制定的军事法。从老挝国会官网上均可以查询到老挝现行的所有法律[①],经笔者查询统计,和国防军事相关的老挝法律共计 8 部,分别是《国防法》《国防义务法》《老挝人民军军官法》《军事法院法》《军事检察院法》《老挝老兵协会法》《人民治安部队法》和《国家治安工作法》。

综上,"老挝军事法"的定义从广义上是指老挝立法主体制定的与老挝军事相关的法律法规;具体到法律文件,"老挝军事法"则是指以上 8 部军事法,本文所指的"老挝军事法"为后者。

二、老挝军事法的立法背景

军事法的立法工作也属于上层建筑的范畴,其立法特点和原则等内容与老挝的实际

---

① 老挝国会官网法律列表参见 http://www.na.gov.la/index.php?r=site/detailcontent&id=43&left=89。

国情军情息息相关,因此,要对以上8部法律的立法工作进行深入的研究分析,先要对老挝的国情军事有一个基本的了解。

首先,老挝是中南半岛北部的唯一一个东南亚内陆国家,四周分别与中国、越南、柬埔寨、泰国和缅甸接壤,国土总面积23.68万平方千米,地势东北高西南低,多山地和高原,整体呈现东西窄、南北宽的地形。老挝总人口约700万(2019年)。从以上内容可以看出,作为一个人口稀少的内陆国家,且国土地形狭长,战略腹地小,不考虑对外关系,仅从人口、地形上来看,老挝面临着不小的国防压力。

其次,历史上老挝深受外国的殖民压迫,14—16世纪,老挝曾出现澜沧王国这样独立的王朝,此后逐渐受到外部势力的侵略,先后受到暹罗(泰国)、法国、日本和美国的侵略压迫。直到1975年后,老挝废除君主制,实行社会主义,老挝人民革命党成为老挝唯一执政党,此后对老挝军事力量建设一直非常重视。

但是不得不说,老挝军事力量总体较为薄弱,具体概况如下。

(一) 老挝人民军

老挝人民军是老挝人民革命党领导的国家军事力量,全称"老挝人民军",建立于1949年1月20日,起初名为"拉萨翁"游击队,1950年更名为"老挝伊沙拉部队",1956年又改称"巴特寮(寮国战斗部队)",同年,编入老挝王国政府军,1960年又脱离老挝联合政府开展武装斗争。1965年,为适应抗美救国战争的需要,改称"老挝人民解放军",1982年后改为现名"老挝人民军"。

(二) 老挝军事建设

老挝军事建设水平还不够高,主要体现在军事规模、军事装备、军事教育和军费开支等方面。

1. 老挝军事规模

武装部队总兵力约6万人,其中陆军约5万人,主力部队编为5个步兵师;空军2 000多人;海军(内河巡逻部队)1 000多人;部队机关院校5 000人[①]。目前,老挝人民军已经形成主力部队、地方部队和民兵自卫队相结合的军事体制,成为一支以陆军为主体包括空军、内河部队及炮兵、装甲兵、工程兵、通信兵、防化兵等诸兵种的武装力量[②]。

---

① 老挝国家概况(最近更新时间:2019年7月). [2019-12-14]. https://www. fmprc. gov. cn/web/gjhdq_676201/gj_676203/yz_676205/1206_676644/1206x0_676646/.
② 张良民. 老挝的军事现状. 东南亚纵横,1995(3):55.

2. 老挝军事装备

老挝主要军事装备包括:主战坦克25辆,轻型坦克10辆,装甲运兵车50辆,牵引火炮62门,战斗机24架,轻型运输机4架,海空多用途直升机12架,运输直升机15架(重型2架,中型10架,轻型3架)①。总体上装备数量不多,多为俄罗斯、中国的装备,且装备等级总体较为落后。

3. 老挝军事教育和军费开支

老挝的军事院校主要有凯山·丰威汉国防学院、政治军事学院、后勤学院、空军707航空学校四所高级军官学校和两所初级军官学校,以及军医学校等②。军事教育体制近年来逐步得到完善。

老挝国防预算额和预算比例均较低。根据斯德哥尔摩国际和平研究所(SIPRI)的调查结果,老挝政府于2013年后没有公布有效军费数据。2012年和2013年国防预算分别为1 600亿基普(约合2 000万美元)和1 720亿基普(约合2 100万美元)③,约占当年老挝国内生产总值(GDP)的0.2%左右。

如上所述,老挝军事力量较为薄弱,但随着近年来老挝经济的快速增长,老挝军事力量不断得到加强,老挝军队的现代化水平得到提高,例如近年来老挝提高军事教育规模、扩建军队医院、积极加强军事交流。另外,军事法律作为上层建筑和顶层设计,在规范军事交流制度化、提升军队管理正规化和军队建设法制化方面具有重要作用,因此,老挝军事法的立法工作得到了老挝党和国家领导人的重视。

三、老挝军事法的立法特点和原则

老挝军事法是老挝军事现代化建设的法律保障,体现了老挝军事建设的特点和原则,对老挝军事法进行研究有助于了解老挝军事制度、军事方针等,有益于中老军事交流,促进中老两国相互借鉴完善本国的军事法律。下面,笔者就"老挝军事法"进行深入研究分析。

(一)老挝军事法的主要内容

老挝军事法共计8部,主要是老挝军事领域的基础性法律。如《国防法》规定了老挝

---

① 刘琳. 东盟国家军情解析. 北京:解放军出版社,2017:252-253.
② 方芸,马树洪. 老挝. 2版. 北京:社会科学文献出版社,2018:235.
③ 刘琳. 东盟国家军情解析. 北京:解放军出版社,2017:249.

国防领域的基础性内容,涉及国防法立法的目的、政策、原则、适用以及国际合作等纲领性内容,还涉及国防工作、人民武装力量和国防训练工作、国防工业、国防保障、国防工作的管理和监督、老挝人民军、奖惩政策和措施等重要内容,为老挝国防的建设和发展提供法律保障。其余几部军事法同样对相关军事领域的建设发展进行了规范和明确,具体内容见表1。

表1　老挝现行军事法内容纲要

序号	法律名称	主要内容
1	国防法	总章(目的、政策、原则、适用、国际合作等);国防工作(定义、战备、国防动员、紧急状态、战争状态等内容);人民武装力量和国防训练工作;国防工业;国防保障(领导指挥、人力资源、财政财产、后勤技术等保障);禁止事项;国防工作的管理和监督;老挝人民军的建立日和标志;奖惩政策和措施;附章(组织实施和生效)
2	国防义务法	总章(目的、政策、原则、适用、国际合作等);国防义务(义务兵、职业兵、预备役、游击队、自卫队、征兵等);国防义务工作的管理和监督;奖惩政策和措施;附章(组织实施和生效)
3	老挝人民军军官法	总章(目的、政策、原则、适用、国际合作等);老挝人民军军官(权责、类别、来源、军衔、级别、职务等内容);对老挝人民军军官的政策、禁令和措施;对老挝人民军军官的管理、责任和监督;附章(组织实施和生效)
4	军事法院法	总章(目的、政策、原则、适用、国际合作等);军事法院案件审理基本原则;军事法院组织;军事法院的审判;军事法院的工作规范和制度;禁止事项;军事法院的成立日、预算、标志、徽章、级别、印章;奖惩政策和措施;附章(组织实施和生效)
5	军事检察院法	总章(目的、政策、原则、适用、国际合作等);军事检察院组织(设置、作用、职责、框架、人员等);军事检察院组织的活动(监督、起诉、抗诉、监禁等);工作制度;禁止事项;军事检察院组织的监督;军事检察院的成立日、预算、标志、徽章、级别、印章;奖惩政策和措施;附章(组织实施和生效)
6	老挝老兵协会法	总章(目的、政策、原则、适用、国际合作等);老兵协会(设置、作用、权责、职员、框架、成员、执委会等);老兵协会大会(种类、权利、任务、决议等);政府、社会和家庭对老挝老兵协会的责任;老挝老兵协会的预算;禁止事项;管理和监督;建立日、标志、制服和标志;奖惩政策和措施;附章(组织实施和生效)

续表

序号	法律名称	主要内容
7	人民治安部队法	总章(目的、政策、原则、适用、国际合作等);人民治安部队的设置和活动;人民治安部队人员的专业、来源、标准、建设和服役年限;级别、衔级和职务;禁止事项;人民治安部队的管理和监督;人民治安部队的建立日、标志、制服、印章;奖惩政策和措施;附章(组织实施和生效)
8	国家治安工作法	总章(目的、政策、原则、适用、国际合作等);国家治安工作;国家治安的措施(方式、指挥、保障等);国家治安部队;禁止事项;国家治安工作的管理和监督;奖惩政策和措施;附章(组织实施和生效)

(二) 老挝军事法的立法特点

老挝军事法作为老挝社会主义法律体系的一部分,存在其鲜明的立法特点,总的来看,有以下三个特点。

1. 制定时间迟,修订比例高

从老挝国会官网上查询可知,老挝现行法律 145 部(包括宪法),而军事类法律占 8 部,占比达 5.5%。通过对这 8 部法律进行整理,笔者发现老挝军事法呈现出制定时间迟、修订比例高的特点。从表 2 可知,和老挝建国时间(1975 年建立老挝人民民主共和国)相比,老挝军事类法律明显滞后于国家的建设和军队的发展,其中,最早的具有军事意义的老挝军事法《国防义务法》迟至 1995 年才颁布,其余均在 2000 年之后,甚至大部分是 2010 年至近年方才颁布,军事法的制定远远滞后于老挝军事力量的建设发展。

表 2 老挝现行军事法律首次颁布和修订日期一览表

序号	法律名称	首次颁布日期	修订日期	修订次数
1	国防法	2015 年 11 月 11 日	—	0
2	国防义务法	1995 年 3 月 8 日	2012 年 12 月 13 日	1
3	老挝人民军军官法	2004 年 10 月 22 日	2018 年 6 月 14 日	1
4	军事法院法	2013 年 12 月 17 日	—	0
5	军事检察院法	2013 年 12 月 16 日	—	0
6	老挝老兵协会法	2018 年 6 月 13 日	—	0

续表

序号	法律名称	首次颁布日期	修订日期	修订次数
7	人民治安部队法	2007年7月2日	2017年5月9日	1
8	国家治安工作法	2013年12月19日	—	0

注：老挝国会通过法律后，一般三个月内，由老挝国家主席签署颁布实施，此处为方便统计，首次颁布日期和修订日期以老挝国会通过日期为准。

此外，从对老挝军事法修订统计的结果来看，8部军事类法律中，《国防义务法》《人民治安部队法》和《老挝人民军军官法》均有所修订，比例达三分之一以上。当然，这么高的修订比例有可能和军事法本身数量较少引起比例失真有关。如果具体到老挝军事法法条的修改，则存在修订和新增的法条过多的问题。

2. 法条数量少，内容较宽泛

对老挝军事法的法条内容进一步整体分析（具体见表3）可以发现，老挝军事法除了总数上只有8部外，具体到其中的法条内容，也呈现出法条数量少的特点，大部分老挝军事法只有50条至60条法条，平均60条法条，相比于其他和老挝人民生产生活息息相关的法律来说，军事类法律的法条数明显偏少。例如《老挝独立审计法》共有94条法条，《老挝税法》共有122条法条，《老挝刑法修正案(2005年)》共有179条法条，而作为程序法的代表法律之一的《老挝民事诉讼法》共有380条法条。所以，老挝军事法法条数量少一方面是因军事法的特殊性，不宜过于细致具体；另一方面也体现了老挝军事法更多的是规定和确认了和老挝军事领域相关的权力和职责以及义务和责任。

表3 老挝现行军事法章节与法条数量统计表

序号	法律名称	章节数	法条数
1	国防法	10章	64条
2	国防义务法	6章	70条
3	老挝人民军军官法	5章	50条
4	军事法院法	9章	58条
5	军事检察院法	9章	65条

续表

序号	法律名称	章节数	法条数
6	老挝老兵协会法	10 章	59 条
7	人民治安部队法	9 章	55 条
8	国家治安工作法	8 章	60 条

事实上,军事法律可以分为两种:一种是调整国防、军事领域根本性和全局性的军事法律关系的法律,即军事基本法律,如我国的《中华人民共和国国防法》;另一种是调整国防、军事领域某一方面重要军事关系的法律,如我国的《中华人民共和国军事设施保护法》。综合来看,老挝的8部军事法均可被视为军事基本法律,所以整体上,法条均偏概括性、政策性表述,内容宽泛。

3. 体例较科学,重交流完善

虽然老挝军事法有一些不足,但整体上看,老挝军事法也有一些优点。其中,老挝军事法整体体例较科学,重交流完善是一个比较突出的特点。表1列出了老挝现行军事法的主要内容纲要,整体上体例相对统一,首位均分总章和附章,中间为具体条款。其中《军事法院法》和《军事检察院法》作为军事司法机关的两部重要军事法,在结构上保持高度一致,其余几部法律也存在着体例结构的相似性,体现了军事法立法的科学统一性。

此外,老挝军事立法非常重视对外交流,前瞻性地在每部法律的第一章最后一条增加了老挝军事的国际合作交流条款。另外,从表1可以得出,虽老挝军事法立法较迟,但老挝在近年来不断加强了军事法的立法工作和修订完善工作。最为突出的是,《老挝老兵协会法》酝酿制定并于2018年6月13日首次颁布,紧随中国设立退役军人事务部之后,应该说是老挝紧跟时代潮流,加强和提升了对退役军人的服务。这些都是老挝军事法的立法工作重视交流完善的体现。

(三) 老挝军事法的立法原则

除了以上的特点外,老挝军事法的法律条文也体现了其立法原则。总结的看,老挝军事法的立法原则主要有三点:一是坚持老挝人民革命党的领导;二是适度奖惩;三是监督和制约。

1. 坚持老挝人民革命党的领导

纵观老挝8部军事法以及其立法理论和实践,老挝军事法的立法工作和军事法的内容无不体现了坚持老挝人民革命党的领导地位。

老挝《军事法院法》和《军事检察院法》对军事法院法官和军事检察院检察官的任职要求都作出了明确规定,除要求任职人员是军人外,还强调要求其政治坚定,具有革命精神的品质。虽然这两部法律的法条没有确切写明坚持老挝人民革命党领导的原则,但法条的字里行间体现出了这一立法趋向。

相较于前两部法律的隐晦,老挝《国防法》的规定则较为明显,其第三十一条明确规定,(老挝)国家主席是中央国防和治安委员会的主席,是老挝人民军的统帅;而同时《老挝人民革命党章程》又规定:人民革命党主席(总书记)兼任中央国防和治安委员会主席,这也意味着老挝人民革命党掌握对老挝人民军的绝对领导权。

《人民治安部队法》第六条规定了人民治安部队的义务,其中第六条第一款明确规定其义务包括"保卫老挝人民革命党和老挝人民民主共和国政府,参与国家发展建设"。

2. 适度奖惩

法的效力在于法的执行,老挝军事法的立法注重其实践操作性,因此,老挝军事法特别注意奖惩制度的制定,从8部军事法律的主要内容来看,其中有7部专门安排一章明确奖惩制度,剩下的1部法律《老挝人民军军官法》比较特殊,虽然对于奖励措施没有过多的规定,但对军官违法违规的惩罚措施进行了详尽的规定。

《老挝老兵协会法》第五十六条:对于在执行本法律中有突出贡献的个人、法人和组织,依照相关规定获得奖励和表彰。

《国防义务法》第六十五条至第六十八条规定了违法的惩罚措施,如第六十六条(逃脱服义务兵的责任)对于不依法登记、不按要求成为义务兵的个人,依法对其进行教育、警告或者限制升学,不得进入政府成为公务员。

综上,老挝军事法注重适度奖惩的原则,这对于老挝军事法的推行运用具有积极意义,有利于老挝军事法的实施和普及。

3. 监督和制约

老挝现行的军事法主要是军事领域基础性的法律,赋予了军事相关组织(如军事法院、军事检察院、人民治安部队等)和个人(如军事法院法官、军事检察院检察官、老挝人民军军官)一定的军事司法权、军事执法权等军事权的同时,势必要对其进行监督和制约,以免军事权被滥用,破坏老挝军事的健康发展。因此,老挝军事法中几乎每部法律都强调了监督和制约原则。

《军事检察院法》第五十四条规定了对军事检察院活动进行监督的机构为老挝国会、国防部、最高检察院和相关法律规定的其他机构。

《老挝人民军军官法》第四十七条规定了对老挝人民军军官监督的内容,包括:服从使命情况;执行法律和军队相关规定情况;对违反法律法规的军人的政策适用和惩罚情况。

《国家治安工作法》第五十六条规定了对国防治安工作的监督检查形式:按计划正常的监督检查;接到政令后或者提前通知后的监督检查;临时监督检查。国防治安工作的监督检查工作必须严格按照法律规定实施。

以上列举的法条是老挝军事法监督和制约原则的具体体现,这一原则保障了老挝相关军事权在法律框架下的实施,具有重要的制度意义。

四、对我国的启示

党的十八届四中全会提出了"建设中国特色社会主义法治体系,建设社会主义法治国家"的总目标,同时单独将"构建完善的中国特色军事法治体系,提高国防和军队法治化水平"作为重要内容。军事法是国家法律体系的重要组成部分,在建设中国特色社会主义法治体系中具有重要的地位①。在此过程中,我们需要借鉴和参考国内外的军事法立法思想和军事法历史实践,增强中国军事法立法的科学性和先进性。

作为社会主义国家的老挝,同中国在国体、政体、政党制度、军队制度上有很多相似的地方,从世界范围来看,老挝的军事法是社会主义军事法的立法实践之一,对我国的军事法立法具有借鉴意义。

(一) 坚持中国共产党的领导

老挝军事法的立法原则体现了坚持老挝人民革命党领导的原则,这一原则被老挝的实践证明是符合老挝军事发展要求的。保障老挝军队的稳定和领导地位,有利于老挝政府对军事建设和经济发展统筹兼顾。

我国的军事立法实践也向来注重坚持中国共产党的领导,这也符合我国的国情,是中国特色军事法治体系的重要基石。结合老挝军事法的理论和实践的成功,我们应该更

---

① 薛刚凌,周健.军事法学.北京:法律出版社,2006:15.

加一如既往地坚持制度自信和理论自信,更加毫不犹豫地坚持这一原则,并在构建中国特色军事法治体系中体现和完善这一原则,毫不动摇地坚持中国共产党的领导。

(二) 完善军事法的立法工作

我国通过多年的立法工作,已经形成了中国特色社会主义法律体系,军事法作为其中的一部分,已经比较完备,但是有些基础性的军事法律仍然欠缺。特别是军事法院和军事检察院的组织法至今仍未颁布。这两部法律不可谓不重要,没有制度化的军事司法组织法,对军事司法的公正性和权威性产生了极大负面影响。虽然我国早在1995年就讨论起草"中华人民共和国军事法院组织法"等草案,但由于双重领导体制关系难理顺、军事司法机关的性质难归位、"两院"人员双重属性难厘清、起草部门难作为等问题,迟迟无法出台[①]。近年来,随着军内反腐的推进,一批腐败分子受到军事司法机关的起诉,而我国的"军事法院"和"军事检察院"却面临着无法可依的情况。

老挝当然也存在上述问题,但老挝国会克服重重困难,于2013年接连通过和颁布了《军事检察院法》和《军事法院法》,这对于我国军事法院和军事检察院组织法的立法工作具有重大象征意义。建议可以参考和借鉴老挝的两部组织法,结合我国军事司法的实践,仔细研究,尽快出台"军事法院组织法"和"军事检察院组织法",完善我国军事司法的立法工作,改革军事司法体制机制,为军事法院和军事检察院的活动提供法律保障和规范。

(三) 加强军事法的科学立法

老挝的军事立法虽然起步迟,总数少,但随着世界军事变革的潮流,老挝加快了军事领域的立法工作,在每部军事法中均对军事交流做出了明确规定。除此之外,老挝军事法的体例体现了其科学统一性,条理清晰,措辞严谨,逻辑性强,原则突出。不得不说,近年来老挝军事法的立法水平提升了很大一个层次。

我国近年来开启的军改已经走进了重要的时期,各种制度和法律也在紧锣密鼓地制定中,即将修改和起草多部军事法律。因此,应该将军事法作为一个特殊的部门法看待,统一立法思想和原则。可以参考借鉴老挝军事法立法的一些成熟做法,结合我国立法习惯和实践,在体例、结构、术语等方面应当保持一致,将我国军事立法原则贯穿于法律条文。另外,可以组建专门的军事法立法委员会统筹军事法的立法工作,加强新时期我国军事法的科学立法、统筹立法,保持军事法的内容和原则统一。

---

① 张建田.军事法院组织法出台难的症结与对策.人民法院报,2015-11-25(8).

五、结语

老挝和中国是山水相邻的社会主义国家,军事上的交流也是必不可少。老挝军事法存在着不足,例如制定时间迟、修订比例高、法条数量少、内容较宽泛等,但也有其可借鉴的方面,如具有体例较科学、重交流完善等特点,而且其立法原则也比较统一合理。新时代的中国正在进行国防和军队的全面深化改革,在这过程中,军事法的理论研究和立法工作应当做到先行谋划,除了在国内集思广益外,可以借鉴和我国政治和军事制度相近的老挝在军事法方面的成熟做法和积极方面,从而完善我国特色社会主义法治体系,构建完备的军事法治体系,为新时代的"强军梦"做好制度保障。

(作者系国防科技大学国际关系学院讲师)

泰国枢密院传统与民主发展

王家榜

摘要:泰国1932年就走上了新的政治体制之路,即民主政体,在时间上属于第二波民主化浪潮。著名学者塞缪尔·亨廷顿(Samuel P. Huntington)把世界民主化发展分为三个波段,其代表作是《第三波:20世纪后期的民主化浪潮》。因此,泰国在民主发展的过程中具有一定的历史经验。但是,近年来,泰国民主发展并不是西方社会所期待的民主,而是具有自身特色的泰式民主。为什么不是西式民主?这里面的原因是综合性的,而本文只是从泰国枢密院传统的角度分析泰国民主发展的基础。通过分析,结论也是比较清晰:泰国民主发展走的是渐进式道路或者说是改良式道路,并不是风暴革命式或跳跃式的道路,是古典民主理论的缩影,原因之一就是和泰国枢密院传统紧密相连。

关键词:民主 传统 枢密院 泰国

一、泰国枢密院的由来

枢密院大臣泰文发音为"Ongkamontri",泰语为"องคมนตรี"。泰国2003年出版的泰语双语词典中对其的解释是:"担任国王顾问职务的人(ที่ปรึกษาของพระเจ้าแผ่นดิน)。"[①]

泰国五世王朱拉隆功时期首先设立枢密院大臣的职位。在其初期并未使用"องคมนตรี"的泰文称谓,而是使用英语"privy council""privy councilor"的泰文拼音来

[①] เธียรชัย เอี่ยมวรเมธ. พจนานุกรมไทยฉบับอธิบาย 2 ภาษา กรุงเทพฯ: บริษัท รวมสาส์นจำกัด 2546:1097.

称之。至于最早使用"องคมนตรี"一词来表示枢密院大臣的文献资料,至今还没有新发现,但是自1892年8月27日顾问团会议纪要及当年的王室封号授爵公报,就已经开始使用"องคมนตรี"来称呼枢密院大臣职位了。

1874年第一册《皇家纪事》第一篇第2—3页《第3号关于任命枢密院大臣法例公告》写道:"为黎民百姓履行国家公务,继续开拓已荒芜的事业,仅凭国王一己之力将无法成就,若集多人谋略,荒芜之事业也可步步振兴,社会繁荣也会重现。故决意委任有谋略之士为国王之顾问。"这是追溯"องคมนตรี"一词的最早文献来源。

六世王时期,任命枢密院大臣时仍沿用旧制,按照国王旨意任用。但是,六世王立下循例,即御示内政部在每年3月拟定在登基日纪念典礼御赐金杯勋章奖名单,六世王从中御准推选枢密院大臣人选,在当时4月4日的效忠王室宣誓仪式上赐封。六世王在位期间依此例执行,共御封枢密院大臣233位,任期至六世王驾崩后终结。

七世王时期也是循旧制任命枢密院大臣,还特别御准在六世王时期出任的枢密院大臣继续留任。但七世王做了微小调整,把未获御赐金杯勋章奖者也任命为枢密院大臣,并设定枢密院大臣来自王室成员和公务官员的组成比例,即由大臣、将军、文官、王族、昭披耶勋爵、披耶勋爵、王室导师等组成。七世王也在每年4月的效忠王室宣誓仪式上任命枢密院大臣。直到1929年才将御旨任命枢密院大臣的仪式改在每年2月登基纪念典礼上进行。御准出任的枢密院大臣要向国王宣誓效忠并接受委任御令状,才完全具备了枢密院大臣的资格。

在七世王执政期间,枢密院议事会议经常开会议事和履行职责,直至政体从"君主专制"转变为"君主立宪制",并于1932年7月14日宣布废止1927年枢密院法令,使得由七世王根据1927年枢密院大臣法令任命的枢密院大臣职位和枢密院议事会的使命终结。

值得注意的是,枢密院体制虽然发源与传承自五世王时期的"privy council",主要受英国政体的影响和启发而设立,但是至现今国王在位后,泰国的枢密院体制和功能已经与发源初期的,乃至与英国政体的枢密院体制大相径庭。泰国当今的枢密院,各位枢密院大臣由国王遴选和任命,由宪法明确其职责。其使命要远远大于现在的英国枢密院大臣的职责使命,可以说英国枢密院大臣在今天看来其作用不大,但是泰国枢密院大臣的作用对泰国来说还是很大的,尤其在泰国政治发展过程中具有不可替代的作用,同时也直接影响泰国民主的发展进程。

《2017年泰王国宪法》第二部分赋予了王室权利,其中第十至二十四条就明确了枢密院大臣的资格与职责。其实,在实际的工作中,除了宪法规定的工作以外,枢密院还要履行其他相关的工作,如:协助审阅由总理呈送国王的所有法律草案,并提供参考意见;遵循国王圣御,根据不同场合和事宜暂代国王行使职权,敬献由国王御赐的花环或礼品;根据国王御准事务提请谋策以推动实施;等等。

二、西方普及的民主:是民主还是政治?

在苏联解体之后,塞缪尔·亨廷顿的日裔美国学生弗朗西斯·福山就针对此事件对历史作预判而写了《历史的终结及最后之人》[①],认为苏联解体就是历史的终点,即资本主义就是历史的终点,美国宣扬的民主才是普世的价值。此观点与马克思主义强调的历史唯物主义背道而驰,同时此观点也受到西方学界与政界的大力褒扬,一度让社会主义、共产主义陷入低潮。换言之,"西方自由民主制度的胜利标志着人类历史发展的终点,并喻示着马克思主义理论与实践的终结"[②]。对于此人,学界曾经称之为投机主义者,意在表达他没有坚定的立场。当然,本文所讨论的和他本人没什么关系。只是想通过这个例子,让我们思考这样的一个问题:美苏冷战期间,到底是民主与极权的斗争?是权力与利益的斗争?或者说是政治的斗争?

思考这样的问题,就是为了让我们清晰地认识到民主与政治并不是一个概念。极力普及民主是民主本身内在的发展动力吗?是不是一种政治行为?本文认为,民主确实是个好东西,但是在政治目的的背景下推进民主的发展,那民主就成了政治。一旦成了政治行为,民主就会失去原有的内在价值。

据此,对外普及"民主政治",笔者的理解就是披着民主的外衣摘取政治利益的果实。如此而已!因为美国的民主发展对其自身国家的发展确实具有推动的作用,它的前提是建立在自己的国情基础之上,即拥有大量的中产阶级、素质教育的普及、宗教信仰的自由……这才有民主发展的基础,并反之推动以上各方面的进一步发展。但是,美国一旦主动把民主往外推进而不考虑以上要素,民主就失去了其原本具有的民主价值,因为这是在使用权力推动,是在没有相互尊重与平等的基础之上的强权行为。这是美国玩弄"双重标准"的伎俩。所以说,西方强调要普及的民主,并不是民主,而是政治!同理,美国支持泰国普及民主,这不是支持民主本身,而是一个政治行为。在笔者看来,民主本身

---

① 福山.黄胜强,许铭原译.历史的终结及最后之人.北京:中国社会科学出版社,2003:1.
② 张盾."历史的终结"与历史唯物主义的命运.中国社会科学,2009(1):17.

是"自然而然"孕育开花结果,无须权力政治的介入。

三、民主:发展的必然产物

一个国家走什么样的道路是由这个国家的历史发展所决定;一个国家采用什么样的政治体制是由这个国家的政治文化发展所决定;一个国家要不要采用民主政体也是由这个国家的人民所决定。由人民决定的民主才是真民主,要达到如此条件并不是一件容易的事,需要发展培育,"发展是硬道理"。例如英国民主发展是经过几个世纪的培育,才有了今天的英国民主。

因此,可以说民主是"顺其自然"的结果,是客观规律发展的必然产物。泰国1932年选择民主政体,一定程度上说是泰国历史发展的必然性。但是泰国1932年的民主发展条件并不能让民主得到充分的发展,这就如马克思阐述的科学社会主义的"两个决不会",即"无论哪一种社会形态,在它所能容纳的全部生产力发挥出来以前,是决不会灭亡的;而新的更高的生产关系,它的物质存在条件在旧社会胎胞里成熟以前,是决不会出现的"。可以说,泰国1932的民主是被催生出来的,是个"早产儿"。当然,即便是早产儿,也不能放弃,也要放在保温箱里继续精心培育。

相对于英国用几个世纪的时间对民主进行培育,泰国这个民主"早产儿"至今还在保温箱里,所以情况不稳定是常态。当这个"早产儿"在保温箱里待到智力发育健全时,便是泰国民主出生时,到时不会再强调什么泰式民主,而是强调"人的全面解放",即真"民主"。

四、枢密院:泰国民主发展的传统基础

在泰国1932年被催生出民主之前,泰国到底有没有民主发展可能性的传统基础?答案是一定有,那经过近90年的发展,这样的传统基础对民主塑造具有什么样的功能?

如果没有,泰国也不会在1932年出现民主,因为历史是唯物的,是有规律的。通过研究发现,泰国枢密院与泰式民主发展具有千丝万缕的联系。也正是有枢密院的设置,才可以判断泰国民主发展之路是渐进性的,不是跳跃式的。

国家在发生危机时,如何有效化解危机最能证明国家政治体制的适应性、有效性及科学性。泰国1932年民主化以来,曾发生过2次社会运动危机,即1973年10月的学潮运动以及1992年5月的社会运动(主要力量是城市中产阶级,学生只是次要力量),而化

解这2次危机的人却是泰国九世王。这就给了我们一个想象与研究的空间,在民主政体的背景下居然要请君主出面才能化解危机,这是值得深思的一个问题。因为民主政体与独裁政体(君主专制)原则上是不可兼容的,而在泰国却做到了有效兼容,促进泰式民主的发展。

两者能够有效兼容的条件很多,但归纳起来无非就两点:一是法律,二是道德。而泰国枢密院同时具备了这两点,因为枢密院的建构与功能在泰国宪法包括现行宪法中都有明确规定,而对枢密院的主席与大臣选任卸任都明确一条:德!正如《2017年泰王国宪法》第十条:"由国王选拔任命一位德高望重的人士担任主席。"第十一条:"国王依据德性选拔任命枢密院大臣。"①

在西方的观念中,法是民主的具体保障,但笔者认为,德才是民主的必要条件。因为法具有强制性,而德具有自主性。民主更是强调人的自主性,但需要以德为前提条件,这才是终极的理想民主。这就是本文所要强调的,泰国枢密院是泰国民主发展的传统基础。而且德的培育是渐进性的、一惯性的长期效应,并不是疾风暴雨式的短期效应,因此,泰国民主的发展,也将依照这种"德性"而具有渐进性。

枢密院是五世王朱拉隆功在1874年首先设立的,且不拘人数,五世王最初设想是:"为黎民百姓履行国家公务,继续开拓已荒芜的事业,仅凭国王一己之力将无法成就,若集多人谋略,荒芜之事业也可步步振兴,社会繁荣也会重现。故决意委任有谋略之士为国王之顾问。"从这个设想看,枢密院也具有一定民主性。

枢密院的传统一直沿用至今,但在人数上已发生了变化,目前宪法规定枢密院设主席1人,大臣不超过18人。枢密院大臣的主要功能就是针对泰国各方面事务的发展为国王提供有效策略,以便国王有效地治国理政。一言以蔽之,其功能是提高政治能力而非治理能力,或者说是让国王在复杂的政治过程中提升政治能力从而有效地进行治理。

总之,泰国民主发展将会是一个长期艰难的过程,而枢密院就是这保温箱里的一剂良药。

(作者系昆明冶金高等专科学校助教)

---

① รัฐธรรมนูญแห่งราชอาณาจักรไทย. วันที่ 6 เม. ย. 2560:4.

泰国早期民主思想浅析

——以泰国"民主之父"比里·帕侬荣的民主思想为例

刘 颖

摘要: 泰国民主思想史最早可以追溯到却克里王朝拉玛四世时期,但就其正式形成应从1932年泰国民主革命后开始说起。1932年民主革命后,泰国绝对君主制结束,在诸如比里·帕侬荣、披耶帕凤、銮披汶等早期民主人士的带领下泰国的君主立宪制得以建立。在这一时期所形成的泰国民主思想兼具推动泰国民主政治发展的现实意义和超前的理想主义色彩,对后世起着奠基、引领和警示的作用。因此,形成于二十世纪三四十年代的泰国民主思想被称为泰国早期的民主思想,其中,又分为广义民主思想和狭义民主思想。本文将对狭义的泰国早期民主思想进行探讨,以泰国"民主之父"——比里·帕侬荣的民主思想为例,重点论述其民主思想的内涵,并就其内涵进行分析。

关键词: 泰国 早期 民主思想 比里·帕侬荣

狭义的泰国早期民主思想是指在1932年泰国民主革命后,泰国知识分子和小资产阶级领导的文官政府所坚持的民主政治思想,如比里·帕侬荣;广义上的泰国早期民主思想除了上述的文官政府的民主政治思想外,还包括二十世纪三四十年代军人集团为配合知识分子和小资产阶级推翻泰国王室而提出的暂时的"民主政治思想"。所谓比里·帕侬荣的民主思想,指在二十世纪上半叶,特别是在1932—1947年间产生和发展的以平等与自由为核心的反对君主专制的思想和相应的制度建构。在十余年的政治生涯中,比里·帕侬荣一直将建立暹罗(泰国)本土化的君主立宪制视为核心目标,努力建设一个主权独立、以宪法为最高法、公民享有平等权利与义务以及福利制度较为健全的暹罗。在这期间,比里·帕侬荣的民主思想逐渐从激进转向温和,在经历与王室、保皇派和军人集团的斗争后,逐渐形成富有泰国特色的民主模式。1946年民党解散之后,民党原保守派成员宽·阿派旺继承比里·帕侬荣所坚持的"完全民主"之要旨而建立起的民主党至今仍活跃于泰国政坛①。比里·帕侬荣立足暹罗国情,把泰国传统政治制度与世界先进政治经济理念相结合,不断探索实践西方民主体制在泰国的实现形式。

一、重视法律的政治民主

比里·帕侬荣认为,要建立有规则的民主不仅需要高素质的公民,更需要完善的法律体系保驾护航。在比里·帕侬荣民主思想具体实践的十余年间,不论是国体、政体的制定,国家经济结构的设计,抑或是泰国完全独立的实现,均是以通过出台宪法、法律和公文等正当法律程序的方式实现的,法律法令可以说是比里·帕侬荣民主政治思想得以付诸实践的基础。

(一)以宪法为核心的法律框架

由于比里·帕侬荣的法学专业出身,他在解释民主概念时十分强调法律的重要性,其中宪法作为国家的根本大法更具有不可动摇的基础性地位。比里·帕侬荣曾说过,民主的宪法当以公民为中心,并将权利赋予公民,像意大利、西班牙和葡萄牙这样的独裁统治的国家虽然也有类似于宪法的法律,却不能称之为民主的宪法。1932—1947年间,比里·帕侬荣共起草了三部宪法,即《1932年暹罗王国临时宪法》(以下简称《临时宪法》)、《1932年暹罗王国宪法》和《1946年暹罗王国宪法》。其中,《临时宪法》规定国家权力属于全体公民,全面否定了国王的权力,规定国家的权力机构分为国王、议会、公民委员会和法院。为了实现泰国绝对君主制向君主立宪制的和平过渡,同时也为了调和王室贵族和民党成员间的矛盾,1932年12月,公民委员会经由国王钦准颁布《1932年暹罗王国宪法》。《1932年暹罗王国宪法》的引言部分,在"国家权力属于公民"之前又新增法令:"不论出生地或是信仰,所有暹罗人在宪法面前人人平等";以及"若其他法律条款与宪法相

---

① 比里·帕侬荣认为民主分为很多种,如:新民主——社会主义民主、政治民主、完全民主等。而比里·帕侬荣所坚持的"完全民主"基本内涵包括:民主的政治制度、以民为本的经济制度等。

矛盾,则以宪法为准",明确了宪法的基础地位。此后的《1946年暹罗王国宪法》则是以《1932年暹罗王国宪法》为母本,对议员选举方式及人数等具体条款再做调整补充。有鉴于这部宪法在泰国历史上前无古人的相对完整性,比里·帕侬荣自己都称之为泰国历史上最民主的宪法①。

(二) 具有本国特色的英式政体

比里·帕侬荣所规划的泰国的所有权力机构与英国的类似,包括:议会、公民委员会(内阁)、法院以及国王②。但比里·帕侬荣在其不同民主思想时期所规划的泰式君主立宪制在诸如国王权力的限制和上、下议院的划分等方面与英国的君主立宪制又有所区别。

比里·帕侬荣认为泰国国王作为泰国国家元首,地位神圣不可侵犯。此外,国王还必须是佛教徒和宗教的最高维护者③。国王通过议会建议行使立法权;通过内阁行使行政权;通过最高法院行使司法权;通过议会决议任命一名总理,一名或多名副总理④。此外,比里·帕侬荣牵头起草的《1932年暹罗王国宪法》的第一章第十一条提道"泰国王室超然于政治之上,不得参与泰国政治"。但比里·帕侬荣认为20世纪30年代初的泰国社会还处于"半民主时期"⑤,想要实行完全的君主立宪制恐怕困难重重,时机尚未成熟。因此,在这一阶段,泰国君主的权力并没有因为君主立宪制而被架空,而只能说是在一定程度上被削弱。在比里·帕侬荣民主思想的初期阶段,泰国的民主议会不区分在野党和执政党,由民党一党组成;议会为一院制,不区分上、下议院,议员任期统一为4年,中途更替议员也按照此批议员的任期结束时间卸任。议员分为两类:第一类是从各府每10万人中选出一名代表;第二类是直接从民党指派的临时议员中产生,这部分民党议员在国民民主意识成熟后(10—20年)再逐步取消。为防止权力的滥用,比里·帕侬荣还强调议员不得担任公民委员会常任职务,避免出现立法者亦是执行者的情况。在这一时期,比里·帕侬荣借鉴了英国君主立宪制,在结合泰国本国民主发展实际的情况下,对其认

---

① มูลนิธิ ปรีดี พนมยงค์. แนวความคิดประชาธิปไตยของปรีดี พนมยงค์. กรุงเทพฯ: บริษัทส่องสยาม จำกัด, 1992: 58.
② 张锡镇,宋清润. 泰国民主政治论. 北京:中国书籍出版社,2013:22.
③ 整理自《รัฐธรรมนูญแห่งราชอาณาจักรสยาม 1932》第一章第一、四、五条。
④ 整理自《รัฐธรรมนูญแห่งราชอาณาจักรสยาม 1932》第一章第六、七、八条,第三章第二十二条。
⑤ มูลนิธิ ปรีดี พนมยงค์. แนวความคิดประชาธิปไตยของปรีดี พนมยงค์. กรุงเทพฯ: บริษัทส่องสยาม จำกัด, 1992: 56.

为英国君主立宪制对比泰国民主发展相对超前的部分进行了改良,形成了独具泰国特色的泰式君主立宪制。到了20世纪40年代中期,比里·帕侬荣参与起草的《1946年暹罗王国宪法》规定:议会分为上、下两院,两院议员须由选举产生,同时取消第二类议员(民党议员);选举采用直接选举与间接选举相结合的两层选举方式①;上议院年龄不低于35周岁,任期为6年;下议员年龄不低于23周岁,任期为4年,旨在为泰国青年进步人士提供更多参政的机会。1932—1946年间,比里·帕侬荣参照英式议会逐步建立起泰国的议会框架,并开放政治信仰和组建政党的自由,努力创造一个富有生气的泰国民主生态。

(三) 层次分明的行政管理制度

1933年,披耶帕凤在再次革命②推翻保皇派政府后,担任总理并重新组阁,比里·帕侬荣出任内政部部长,并进行了一系列政府内部结构的调整,其中最重要的就是行政管理制度的创立。鉴于其具开创性且影响深远的改革举措,有人称比里·帕侬荣为"建立泰国民主体制下内政部的第一人"③。

比里·帕侬荣所创立的行政管理制度分为三级,即中央行政管理、地区行政管理及地方行政管理。与之相对应的三级政府官员中的中央政府官员和地区政府官员由中央政府统一选拔、任命,而地方政府官员由地方公民自主选拔、任命。中央行政管理除了对曼谷地区的日常行政管理外,还需要形成层层递进的部—厅(局)式的管理体制,如交通运输部下设国土交通部、公路部等。地区行政管理即在曼谷外的地区规划府、县,成立府政府和县政府,其人员任免与财政预算纳入中央政府统一管理,府、县政府官员不享受地方补助。地方行政管理即镇居民民主选举镇长、镇政府官员,自行组建联合镇政府和镇居民议会等。但镇政府官员不纳入中央政府官员编制,各镇政府财政由镇内自行组织安排,镇政府官员享受各镇地方补贴。比里·帕侬荣所建立的统管全国各府行政事务的分级管理制度加快了政府上传下达的工作效率,细化了各部门的职责任务,增强了政府的行政效能。通过建立地方镇政府和选举镇议会,基层民众自由行使参政议政和选举的权

---

① 即公民通过第一轮无记名投票,直接选举出上、下两院的议员,再经由所有选出的议员进行第二轮无记名投票,间接选举产生上议院议员。
② 1933年6月10日披耶帕凤与披耶嵩上校、披耶立上校和帕巴塞中校(四人合称为"四虎")称病向披耶·玛奴巴功政府辞职,暗中计划推翻披耶·玛奴巴功政府。6月20日四人领导发动了一场不流血的政变,驱逐了披耶·玛奴巴功总理,次日组成披耶帕凤为首的新政府。10月经过几周的战斗后,披耶帕凤镇压了保皇党人的军事叛乱。
③ สุพจน์ ด่านตระกูลปรี. ชีวิตและงานของ ดร. ดี พนมยงค์. กรุงเทพฯบริษัท: ส่องศยาม จำกัด, 2009: 160.

利,民主思想在泰国乡村得以传播。

除了市政制度之外,比里·帕侬荣还创立了民事法庭,为公民和政府官员间建立起了实现司法平等的渠道,为公民提供申诉的平台,并通过民事法庭来约束政府官员,防止腐败。比里·帕侬荣将泰国原有的审计厅升级为审计委员会,并通过立法赋予审计委员会对各政府部门进行核查审计的权力,使各部门受到法律的制约,有效防止腐败。除了政府结构调整之外,比里·帕侬荣还对军人体制和文官制度进行了调整,欲增强文官的民主力量,削弱军人集团的政治势力。但毫无疑问,这一切间接地加深了军人集团与文官政府间的矛盾,也为之后的军人政变和比里·帕侬荣流亡海外埋下了伏笔。

二、以人为本的社会民主

比里·帕侬荣民主思想中最为重要的就是民主的主体——公民。他在提到公民与权力的关系时提到"国家权力归公民所有"。在提到政府与公民的关系时,比里·帕侬荣引用了美国总统林肯的话,"The government of the people, by the people, for the people",向泰国社会广而告之。在这里,可以理解为政府是公民的政府,由公民治理,并对公民负责,简而言之便是民治民享。

(一) 自由与平等的理念

在比里·帕侬荣的思想中,不能绕过的部分便是关于自由的讨论。比里·帕侬荣认为,自由是在政府管理下的自由,其表现是在法律和道德范围内的有规则的自由,而非呈现出为所欲为的无政府状态。不论是在泰国1932年宪法还是在1946年宪法中,比里·帕侬荣都反复强调宪法赋予公民的权利和自由都必须在宪法的框架内,并且在不影响国家和社会稳定的前提下才能充分行使。在比里·帕侬荣民主思想初期,他认为公民依法享有的自由包括:① 人身自由;② 居住自由;③ 就业自由;④ 财产自由;⑤ 宗教信仰自由;⑥ 结社自由;⑦ 表达自由;⑧ 教育自由。同时,法律规定公民有尊重法律、保卫国家以及纳税的义务。1946年,比里·帕侬荣对公民的自由再做补充:公民依法享有信仰政治主张和组建政党的自由,享有申诉的权利。在流亡海外接受国际媒体采访时,比里·帕侬荣表示,以上关于公民自由与权利的观点也符合国际社会所认定的人权原则①。

关于平等,比里·帕侬荣的理解是,平等是指法律面前的平等,即权利和义务的平等,例如:无特权区分的法律、平等的司法审判、平等的从政机会等。1932年以来,比里·帕侬荣就一直致力于为泰国中下层进步青年人提供更平等的投身政府工作的机会。由于泰国王室一直享有高人一等的特殊权力,泰国的有志之士在仕途和社会生活方方面面都面对着不平等的待遇。在比里·帕侬荣参政的15年中,民党政府废除了泰国王室、军人的种种特权,规定人人平等,无论袭爵、封爵或是其他途径并不产生特权。此外,在其领导的民党的六条纲领中也明确指出,"必须实现权利人人平等"。在比里·帕侬荣编写的《比里·帕侬荣的民主思想》一书中,其阐述自己关于"民主"一词的理解时提到了权利与义务之间的平等关系,"若一个人同别人承担相同的义务,却并未享有平等的权利,那就不是民主","若一个人只享有权利,却不承担义务,就超出了民主的范畴"②。比里·帕侬荣认为义务(责任)的主体由公民和政府共同组成,公民的义务主要包括:① 尊重家庭;② 尊重法律;③ 好好生活;④ 纳税;⑤ 服兵役。国家的责任主要包括:① 维护和平与秩序;② 改善公民的生存和福祉③。国家和公民的共同努力,推动了初步建立起的泰国民主社会向前发展。

(二) 法政"开放大学"的创立

比里·帕侬荣非常清楚人才的重要性,曾提道"人是国家、社会发展最重要的资源"④。由于曾经担任老师的经历,比里·帕侬荣知道教育的基础性作用。他鼓励并要求公民接受基础教育,并不断努力建设高等民主教育学府,培养新生代人才。学生除了有法律知识之外,还需具备经济、政治、科学的知识,因此开设了人文社会学科;为了适应政治结构改革的需要,整合了司法部下属法律学校和朱拉隆功大学的法律与公共管理学院。之后,1933年,在进步人士的募捐筹资下,最终建立起了最初的法政"开放大学"。寻求思想进步的青年来到这里学习现代法律和国际政治。第一届自愿入学的学生人数达

---

① มูลนิธิ ปรีดี พนมยงค์ แนวความคิดประชาธิปไตยของปรีดี พนมยงค์. กรุงเทพฯ: บริษัทส่องสยาม จำกัด, 1992: 121.
② มูลนิธิ ปรีดี พนมยงค์. แนวความคิดประชาธิปไตยของปรีดี พนมยงค์. กรุงเทพฯ: บริษัทส่องสยาม จำกัด, 1992: 349.
③ Pridi Banomyong. Pridi by Pridi: Selected Writing on Life, Politics, and Economy[M]. Chiang Mai: Silkworm Books, 2000: 52-53.
④ สุพจน์ ด่านตระกูล. ชีวิตและงานของ ดร. ปรีดี พนมยงค์. กรุงเทพฯ: บริษัท ส่องสยาม จำกัด, 2009: 161.

到7 094人①。当时法政大学的课程由比里·帕侬荣亲自设置,内容主要包括:自由主义、社会主义、马克思列宁主义、专制主义等政治经济理论。大学允许学生自由讨论时政问题,启发学生民主思考,大批学子还有机会赴国外攻读硕士和博士。此外,比里·帕侬荣还用大学建立之初所剩余的募捐款成立了亚洲银行,不仅为学校带来了收益,更为大学经济和会计专业的学生提供了实习的对口单位,不少学生毕业后也进入亚洲银行工作。1947年銮披汶经政变上台后,将亚洲银行纳为政变派的私有财产,还欲解散法政"开放大学",在师生的共同努力下法政"开放大学"得以保留下来,更名为法政大学。法政大学成立以来,为泰国文官政府和私营部门提供了数以万计的法律和社科人才,这些人才遍布议会、最高法院、国家部委、银行、杂志社等诸多行业。

三、结语

比里·帕侬荣的民主思想颇具特色,他博采众长,综合西欧、苏联等国以及辛亥革命的民主经验,形成了尽可能适应泰国社会的民主主义。在民主政治的发展进程上,他针对泰国国情,又提出政治发展的三个阶段。此外,在比里·帕侬荣的民主思想中还不断强调法治的重要性,提出了关于自由与法治、权利与责任的精辟论述。但是,比里·帕侬荣作为泰国民主规划的第一人,一无先例可鉴,二无实践基础,其思想与实践在很大程度上还存在超前性和不切实际的地方。事实上,比里·帕侬荣的民主思想更倾向于西方的古典民主理论,认为民主就是政治统治需要按照人民的意志进行,政府为国家的政府,对议会负责并且承担保障公民教育、温饱、就业、养老和医疗的义务,公民有平等参政议政的权利,议会为国家的立法机构。但比里·帕侬荣却忽视了实践其民主理论的三个基础条件(民智开化的社会基础、条例完善的法律基础以及军人强有力的支持),致使泰国的民主政治偏离了古典民主理论,走向了精英民主路线②,逐渐形成了泰国精英人士和军人集团"玩弄政治"的"传统"。但无可厚非,比里·帕侬荣确实是泰国最早的较为成熟的民主主义战士。他为民主思想在泰国的传播、第一个民主政党的建立、1932年革命的爆发

---

① สุพจน์ ด่านตระกูล. ชีวิตและงานของ ดร. ปรีดี พนมยงค์. กรุงเทพฯ: บริษัท ส่องสยาม จำกัด, 2009: 166.
② 精英民主理论学者对古典民主理论中"人民主权""公意""共同福利"等价值取向是持反对态度的,他们更倾向于将民主视为一种方法或是一种程序,对民主采取工具主义的态度。例如美国学者熊彼特提出,无论是何种政治体,实际上执掌权力的都是少数的精英,民主只是他们"通过获取人民选票而得到做出决定的权力"。([美]熊彼特. 资本主义、社会主义和民主主义. 绛枫,译. 北京:商务印书馆,1979:337)

都立下了不朽的功勋，甚至对1946年后泰国宪法的草拟和政治格局的划分都发挥着巨大的影响力。反观当今泰国政局，虽然巴育总理有着强硬的军人背景，但泰国宪法的频繁推翻再颁布并没有给泰国民主化进程提供可信的法律基础。除此之外，泰国民主化所需的社会基础严重不足，公众在还没深刻理解民主含义之时，便以"民主"的名义行非民主之事，诸如街头政治事件的无序"民主"就让泰国政治民主化寸步难行。然而，这种错误的"民粹主义"观念一旦形成，便需要长期的政治宣传才能够慢慢消弭。因此，泰国的政治民主化难以一帆风顺。

(作者系国防科技大学国际关系学院研究生)

印度象头神在缅甸的本土化研究

张素娇

摘要：印度教中著名的象头神随着婆罗门祭师和印度商人传入缅甸，经过本土化历程，最终成为缅甸传统神的一部分。印度象头神在缅甸的本土化历程证明：婆罗门教在缅甸宗教信仰史上曾扮演重要角色；缅甸上层阶级是婆罗门教广泛传播的主要力量；缅甸早期接受的印度宗教文化是一种混合的、互相交融的宗教文化。

关键词：象头神 缅甸 本土化

象头神（Ganesha、Ganesa），在中国有伽那什、加内塞等多种音译名称，除此之外还会被称为象头神、象鼻天、欢喜天、毗那夜迦等等。象头神来源于印度婆罗门教，他是湿婆神（Siva）和雪山神女帕尔瓦蒂（Parvati）的精神之子。在印度教中，他是排除障碍之神，是财神，是命运之神，是学识之神，代表着智慧，象征着吉祥和成功，是印度最具人气之神。W. 琼斯如此形容印度人对象头神的崇拜，"在所有的献祭和宗教庆典上，以及要书写所有重要的文章和处理天下所有重大的事务时，虔诚的印度教徒都要以祈祷加内塞作为起始"[①]。其形象为象头人身，大腹便便，独牙，持斧头、糖果、念珠、莲花。坐骑为一老鼠。

随着印度宗教的传播，象头神被带到了世界各地，在每个地方开始了不同的本土化历程。在中国，有了善神、恶神之分，分别为伽那什和毗那夜迦。伽那什沿用印度的传统造型，被列入十神王之中，主要职责是守护佛法。毗那夜迦则被称为"常随魔"，是恶的化

---

① 转引自 Wilkins W J. Hindu gods and goddesses. New York: Dover Publications, 2003: 324.

身。象头神在藏传佛教和密宗中被称作自在天、欢喜天、圣天等,多是双神合抱的形象。在日本,象头神被视为夫妇圆满之神和财神。在泰国,他叫作"象头神财天""象头财神"等。在缅甸,象头神被称为"玛哈本那神",是缅甸传统三十七神名单中的一个神,也是佛教的守护神。象头神传入缅甸之后,随着婆罗门教在上层阶级中传播开来,沿用婆罗门教的仪式习惯出现在皇宫的大小庆典仪式上。后来,象头神融入当地,和佛教神相结合,成了一尊佛教守护神,也成了缅甸传统神的一部分。

一、象头神的由来

(一)印度象头神的由来

印度象头神的来源主要有两个传说。第一版本来自《湿婆往事书》,这是最广为流传的一个版本。雪山神女帕尔瓦蒂用净身用的姜黄泥土造了一个小男孩。外出归来的湿婆看到守在自己妻子浴室门口的小男孩,勃然大怒,砍掉了他的头。雪山神女帕尔瓦蒂看到此景痛苦不已,于是湿婆为了安抚她,派手下往北走,找到了第一个生物,砍下了它的头,安到男孩身上,这便有了象头神。

第二个版本是雪山神女在为儿子办庆生宴时,或者由于未邀请土神沙尼,他用眼中的怒火烧掉了伽那什的头,或者雪山神女认为自己的儿子能经受住被诅咒的土神——沙尼的目光,要求他抬头直视自己的儿子,最终伽那什失去了自己的头,雪山神女悲痛欲绝,梵天让他们一直往北走,用遇到的第一个活物的头来取代他失去的头,于是便有了象头神。

印度象头神的传统造像为,象头人身,大腹便便,只有一只象牙,盘腿坐于坐骑老鼠之上。象头神一般有四只手臂,上面两只手举起,一般握着断裂的象牙、训象棒、法器等。下面两只手一般垂于肚子附近,或握着象鼻,或手持念珠,有时也会手持一些水果或甜食。

(二)缅甸文化中的象头神

在缅甸文化中,泼水节的由来和象头神的来源是密不可分的。缅甸的泼水节历史悠久,关于泼水节的来历,缅甸流传着一个人人皆知的故事。相传在开世之初,天帝释和大自在天(即印度神话中的湿婆)的儿子伽那什因为一件事争论不休而打赌,最后天帝释获胜。伽那什遵守自己的诺言,砍下了自己的头。但天帝释抱着伽那什的头却不知如何处理,因为如果把伽那什的头扔到海里,海水就会瞬间枯竭;如果把他扔向天空,天空就会瞬间塌下。最后是七位仙女解了天帝释的围,她们轮流抱着伽那什的头。当伽那什的头从一个仙女的手中到另一个仙女的手中时,人间就辞旧迎新,开始新的一年。后来,天帝释拿来了一只象的头,放在伽那什的颈上用洁净的圣水一泼,象头就接到了伽那什的头上。这个泼水节传说与东南亚地区的傣—泰民族圈流传的泼水节版本大同小异,都是魔王或者某个神丢了头,由七位仙女轮流抱着,最后每一轮交替都是新年的辞旧迎新。只是缅甸的版本和印度象头神的来源有一部分重合。

象头神在缅甸有很多的名字,其中最普遍的一个称呼是"玛哈本那神"。在缅甸南部的古代孟族地区、蒲甘地区和若开地区有大量象头神的雕像、塑像、画像。这些雕像中,象头神或以印度神的形象出现,或以佛教守护神的形象出现。这些形象多出现在缅甸佛寺的浮雕、墙壁彩绘中,很多时候是和佛像一起组合出现的。

二、印度象头神在缅甸的本土化

(一) 象头神信仰的传入

佛教和婆罗门教传入缅甸的确切时间无法考据,现在关于佛教传入缅甸的时间,大多数学者同意大概是公元前3世纪的说法。贺圣达先生认为,孔雀王朝时期(约公元前324—公元前185年),已处于封建社会进程的印度一定程度上影响了缅甸的发展,当时印度商人的足迹,已经遍及东南亚沿海和各大岛屿人口相对稠密、经济较为发达的地区了。缅甸沿海是他们较早到达的地区之一,所到之处都留下了印度文化的影响[①]。姜永仁教授提出,根据斯里兰卡的《大史》和《岛史》记载,公元前3世纪,印度孔雀王朝阿育王举行第三次佛教集结以后,曾派遣九组高僧到世界各地去弘扬佛法,传播佛教。其中第九组高僧由须那伽和郁多罗二位长老率领,曾到一个叫杜翁那布米的地方传播佛教,缅甸学者认为杜翁那布米就是现在的缅甸南部孟邦的直通一带。所以姜永仁认为比佛教更早产生的婆罗门教只可能是同一时期或者更早传入缅甸,而不是之后[②]。敏悉都在《缅甸信神史(上古时期)》中写道,印度雅利安人的后裔很早就从陆路越过孟加拉国或者从水路越过印度洋来到毗邻的缅甸、泰国、柬埔寨等国家经商,同时也把他们信仰的婆罗门

---

① 贺圣达.缅甸史.昆明:云南人民出版社,2015.
② 姜永仁.婆罗门教、印度教在缅甸的传播与发展.东南亚南亚研究,2006(2):35-43.

教和印度教带到东南亚国家,随着经贸往来的发展、印度移民的增加,以及这些印度移民娶当地妇女为妻,组建家庭,当地妇女也成为婆罗门教徒。之后,印度人又在当地修建婆罗门庙宇,聘请婆罗门教徒到上述东南亚国家传教,印度的婆罗门教在缅甸、泰国、柬埔寨等国家便普遍传播开来①。大多数学者都持这种说法,即公元前3世纪开始,印度和缅甸就有了文化上的交往,伴随着经商和移民婆罗门教也传入了缅甸。

以赛代斯为代表的一些学者的"东南亚根本没有自己的文化,只有被印度化了的文化"的观点是站不住脚的。李谋教授提出"一种外来文化对本土文化发生影响的过程中,占主导地位的是接收方,并非输出方。尤其是掌控接收方领导权的精英们更起到了举足轻重的作用;一种文化的影响状况不是输出方文化的简单移植或易地再生,而是接收方根据自己的意愿、需要和条件主动选择和融合的结果。即使输出方在政治上是强势的也不能决定影响结果的深广"②。

缅甸为什么会接受印度文化并且能很好地将其内化?首先肯定是基于缅甸社会自身需求的。钟智翔教授认为"文化的传播有一种势差现象:先进的文化影响和改造落后的文化。作为一种成熟的文化,印度文化全面而又深刻地影响到了缅甸文化的形成与发展,在缅甸文化的各个层面都留下了深深的印记"③。在公元前后,印度处于百家争鸣的文化盛世,而缅甸则处于新石器时代到封建社会的过渡期,文化发展相对还比较滞后,因此这样一种先进的文化对于缅甸是有吸引力的,这就产生了需求。其次,缅甸本土文化和印度文化是不矛盾的,或者说缅甸的本土信仰与印度宗教之间是有共性的,是可以互融的,这样才能使印度宗教传入时更容易被接受,并且缅甸逐渐调适使外来文化成为适应自身社会的文化。

为什么说这是一种主动接收、主动吸收的结果?现在大多数学者提到的"公元前来到东南亚的商人和传教者带来了印度文化",确实有理有据。但是如果说仅仅靠这种民间的交流就达到如此的文化传播效果,这恐怕不能让人信服。贺圣达先生在《缅甸史》中写道"如果当时以阿奴律陀为首的缅族上层丝毫不信仰佛教,就不会以求取佛经为借口发动战争了"④。据1102年的一块碑文记载,在当年江喜陀举行的一次宫廷仪式中,国师阿罗汉手拿象征毗湿奴的海螺背诵经文。随后由官员和婆罗门向国王行屈膝礼,接着由

---

① 敏悉都. 缅甸信神史(上古时期). 仰光:缅甸日月世界出版社,1992:97.
② 李谋. 析印度文化与古代东南亚. 东南亚南亚研究,2009(3):67-73.
③ 钟智翔. 略论印度文化对缅甸文化的影响. 南亚研究季刊,2002(3):57-63.
④ 贺圣达. 缅甸史. 昆明:云南人民出版社,2015.

婆罗门按照"古代的仪式"来祭祀毗湿奴。从碑文的记载看,印度教的湿婆崇拜在仪式中显然起着比佛教仪式更大的作用。所以,上层阶级需要这种文化,他们聘请大量的婆罗门祭师来到皇宫为他们举行大小的仪式。这是一种主动引进来的印度文化。对于这种"主动引进"的文化,印度的上层阶级肯定是想要并且想让它为己所用的。

对婆罗门教徒来说,他们主要供奉保护神毗湿奴这类的善神,很少有人供奉破坏神湿婆[①]。而象头神是智慧之神,是清除障碍之神,自然受到了婆罗门教徒的追崇,商人们和旅行者们更是把象头神作为最重要的一尊神供奉。皇宫中的祭师们同样如此,他们信奉象头神,因此随着他们入宫,象头神一并进入了上层阶级的视线。婆罗门祭师在为王公大臣举行祭祀礼仪时,遵照印度传统礼仪,祭祀象头神,于是象头神自然而然就出现在了皇宫的大小庆典上。

(二) 缅甸各个时期的象头神形象

据《扶南土俗》记载,公元3世纪的林阳国(被认为在缅甸南部地区)"其男女行仁善,皆侍佛"。但是笔者认为,此时的"佛教"并非纯粹的佛教,佛教传入早期是伴随着婆罗门教、印度教等的,而这些产生于印度的宗教,在源流上有很大的相似性,彼此之间你中有我,我中有你,早期也并不能做明确的区分。

骠国出现的时期在公元1世纪到公元10世纪之间,贺圣达先生认为印度教特别是毗湿奴崇拜对骠人社会上层统治阶级有较大的影响。室利差呾罗发现了多尊毗湿奴石像。

目前发现的最早的象头神的雕像,是位于克伦邦盘克(Phaka)村附近的"果宫"(Kawgun)洞中,这是一组以毗湿奴为主的浮雕石碑,毗湿奴侧卧于象征着永恒之银蛇的圣龙身上,手持的三朵莲花上方分别是打坐的梵天、毗湿奴和雪山神女帕尔瓦蒂,而象头神就立于他的脚边[②]。一般来说,这种常见的毗湿奴造像中,毗湿奴脚边站立的是他的妻子。而之后在直通发现的类似的毗湿奴石碑上,就没有象头神。

蒲甘王朝出现于公元9世纪到公元13世纪之间,蒲甘王朝时期的阿奴律陀王为了杜绝大肆杀生祭神的习俗,颁布了"禁神令",下令废除所有的神龛,并将这些神像收集起来,用铁索封到了瑞喜宫佛塔的内墙上。从这一时期开始,人们将瑞喜宫内墙上的三十七位神称为内三十七神,将外墙上的三十七位神称为外三十七神,象头神也位于这个名

---

① 寸雪涛.缅甸传统习俗研究.北京:民族出版社,2008:20.
② 登伦.象头神与缅甸文化.仰光:第五书局,2017.

单中。纵然三十七神的名单有好几个版本,但是象头神存在于每一种名单中①。

大约建于 11 世纪后期的"阿白耶德那佛塔"的外墙墙壁上出现的象头神壁画是蒲甘地区最早的象头神壁画。这个壁画中,象头神以三头形象出现,正中一个头,左右两侧各一个头,身着印度男人下装,盘腿坐于莲花之上。据古经记载"象头神的头是用天帝释的坐骑白象的头替换的",而天帝释的坐骑有三个象头,和人身组合就成了有三个象头的象头神②。

蒲甘古城南边的"达嘛提佛塔",据佛塔旁的碑文可知,建于 13 世纪。佛塔中"桌贡"佛的拱门壁画两侧有象头神的神像,左边已严重毁坏,只剩右边能看出完整的壁画。这里的象头神也是作为佛教守护神雕刻于佛像两侧的。

除此之外,在佛塔的展厅中经常能看到象头神的神像,这些神像多是由砂岩、页岩、陶等的灰浆制成的块状石雕,多以常见的形象出现。

比较独特的有"王冠象头神"和"蒙眼象头神"两种,"王冠象头神"头戴三角王冠,蒲甘的皇室贵族多头戴这一种三角皇冠。1913 年蒲甘附近的阔梭(Kyaut Hsaut)地区出土的铜铸象头神小象,是双手蒙住眼睛的造型。小象的背上紧贴的是一位孟邦地区称之为"格翁巴蒂玛特"的传统神,这个神被认为是牛的主人,是商人的保护神。这个神也是双手蒙住眼睛的造型。

这些蒲甘时期的象头神造像大多都是盘腿坐于莲花宝座上,右手指触地的造型。这种造型并没有在印度和尼泊尔等国家出现过,而在缅甸其他地方也并未出现过。

似乎从蒲甘时期开始,象头神就被认为是能守护佛法的一尊善神,因此后期的造像多是以象头神和佛像组合的方式出现。阿瓦时期的一尊头戴皇冠的铜铸释迦牟尼佛像,现陈列在蒲甘古文化研究博物馆中,这尊佛像来自蒲甘古城瑞喜宫佛塔中,佛像的两层莲花宝座的下层底部雕刻着象头神。根据佛像上标注的日期——缅历 930(公元 1568 年)可知,这是东吁王朝的文物。

上缅甸地区"德高"古城,TG-42 开采点中出土了一块长 12 英尺(约 3.7 米),宽 8 英尺(约 2.4 米),厚 4 英尺(约 1.2 米)的砂岩象头神浮雕。根据浮雕上的文字以及周边建筑物废墟可以推测,这是良渊王时期的文物。

若开邦的"妙乌"古城是 15 世纪到 16 世纪国力强盛的一个城市国家。"八万"浮屠

---

① 登伦.象头神与缅甸文化.仰光:第五书局,2017.
② 登伦.象头神与缅甸文化.仰光:第五书局,2017.

群是若开邦最壮丽的一组浮屠,位于距离古城皇宫半英里(约804.7米)远的"坡告山"西边的平顶山上。1536年,缅甸在一次战争中打退葡萄牙军队后,修建了这个浮屠群,因此这个浮屠群又被称为胜利浮屠。据说为了修建这个浮屠群,曾征用了一万名能工巧匠。浮屠群中,有五根支柱作为地基。其中第二根支柱的基座上是尊者梵天的雕塑,而梵天的脚下便是象头神的雕像。第三根支柱雕刻的是护世神,下方是象头神。第四根支柱雕刻的是敏巴基,下方是象头神。象头神一条腿盘起,一条腿曲起点地。下面一只手托着鼻子,另一只手握着套索。上面一只手捏着训象棒,另一只手高举法轮。

良渊之后的的贡榜王朝也持续了这种信仰,建筑雕塑中常见象头神的身影。"布德林"市的大佛村中,有一个很大的佛塔,这个佛塔四个方向的入口处均有双龙头雕塑,龙头下巴处是毗湿奴的塑像,在下一个台阶便是象头神的雕像。

现位于仰光市中班梭丹路和马哈班都拉路交界处的"如意胜利佛塔"中有一尊1991年建成的小佛塔,据说是建大金塔时期将一根佛发移到这里,放入了佛塔。这尊佛塔的四个角落里是四个佛龛,其中就是象头神的雕像。

三、象头神信仰能够本土化的原因

(一)象头神与佛教相容的特性

公元前后,已步入封建社会并且处于文化盛世的印度,对于周边东南亚地区的影响可以说是很大的。古代东南亚地区对于印度文化是一种心向往之的态度,因此积极主动地吸收了印度的宗教文化,并逐渐与自己的传统本土文化做了有机的融合。早期来自印度的几种宗教之间区分并不明显,婆罗门教、印度教、佛教是同源演变而来的宗教,所以彼此之间你中有我,我中有你,是相互交融的宗教。所以笔者认为早期东南亚地区接受的印度宗教并不是单纯的佛教,应该是一种混合的印度宗教文化。象头神作为一个印度神的同时还被作为了一个佛教守护神,在很多佛塔中处处可见,雕像造型也多和佛主组合造像。在缅甸后期独尊佛教之后,他不是被抛弃,而是地位进一步提高。这也进一步说明,早期的印度宗教彼此之间是互相交融的,有很强的包容性。

(二)象头神信仰首先被上层阶级接受

缅甸上层阶级是吸收和传播婆罗门教文化的主要力量。缅甸作为印度文化辐射地区之一,它的上层阶级急需这些文化,于是他们邀请了印度的婆罗门祭司来到皇宫,希望模仿印度皇宫的祭祀风俗。婆罗门祭师带着印度神信仰来到这里,并开始教授印度神的祭祀方式。这些印度神信仰与祭祀久而久之成了皇宫庆典的一部分,在缅甸推广开来。

随着婆罗门教徒、婆罗门祭师来到缅甸,他们带来了自己的文化、自己的神灵信仰。这些作为婆罗门教徒的商人、移民在缅甸定居下来,他们的子孙后代一定程度上继承了这些神灵信仰,于是印度神的信仰在这些地区扩散开来,一定程度上影响了当地人民的信仰。

上层阶级和下层阶级都自发主动地接受印度神信仰文化的同时,上层阶级倡导这些信仰的一些政令也使这些印度神进一步被推广开来。江喜陀手持毗湿奴法螺,自诩毗湿奴的化身,希望依靠"君权神授"的信念稳定自己政权的同时,也是在肯定和宣传婆罗门教。随着阿奴律陀的禁神运动,象头神被归入缅甸传统神。规定缅历八月为敬神节,并提倡和鼓励敬神运动。在废除了杀生祭祀一系列敬神活动后,依然允许象头神的游行祭祀活动。这一系列上层阶级的引导活动,使印度神的崇拜在缅甸传播开来。

(三)象头神信仰的认同

缅甸接受印度文化影响,并不是全盘接受,而是有选择地接受并根据自身情况做了调适。霍尔认为,对于文化影响这一问题,应该看重的是"以接收方的自身条件来考虑",他看到的结果是东南亚人"很出色地把这些(外来文化)因素变成他们自己的了"[①]。象头神在传入早期是作为一尊印度神被崇拜的,在后期佛教盛行确立独尊地位之后又被作为一尊佛教守护神,雕塑常与佛教佛像相结合,之后又被确立为本土传统神名单中的一位,成为家神之一。现存的造像中,有一组象头神和玛哈吉利神组中的"冬班腊"女神的组合造像,"冬班腊"穿着宫装站立着,象头神在下面半跪着托着她。这也说明,在这个本土化过程中,象头神成为一尊传统神,并且和其他传统神之间有了联系。

为什么有那么多印度神传入缅甸,却只有象头神是少数被缅甸接受并且地位越来越高的神?首先,象头神被认为是清除障碍,带来好运的神,在印度受到极大的欢迎,因此作为一尊善神,他清除障碍带来好运的能力是被需要的,在传入缅甸的过程中更容易被接受。其次,缅甸本土人民对象是崇拜和热爱的,缅甸历朝历代帝王都有捕象习俗,白象更是被认为是"大吉"之相,甚至是王权的象征。而象头神可爱憨厚的形象,也更容易获得百姓的喜爱。

---

① 李谋. 析印度文化与古代东南亚. 东南亚南亚研究,2009(3):67-73.

四、象头神信仰对缅甸文化的影响

第一是对缅甸上层阶级宫廷仪式的影响。在佛教传入之前,缅甸主要信仰婆罗门教。《象头神与缅甸文化》一书中写道,古时候缅甸皇宫中大大小小庆典节都会由婆罗门祭师主持,模仿婆罗门教祭祀各种印度教神,这其中就包含象头神。星象术书中记载,皇宫中新生儿出生、取名、穿耳、结婚、帝王洗礼、登基、建宫建城等大大小小的庆典开始之前,都会先念赞歌,祭祀印度教神。宫廷一般供奉的"五位大神""九位大神""十位大神""十二位大神"中都含有象头神[1]。从缅甸蒲甘碑铭中可以看出宫廷的婆罗门仪式具体地体现了印度教与佛教、纳特崇拜的结合,目的在于巩固王权。缅甸用婆罗门教仪式举行国家大典的习俗一直持续到19世纪末,从记载上看婆罗门教在仪式中显然比佛教作用更大,而象头神又是这所有仪式中的主角[2]。

第二是对缅甸传统节日庆典的影响。缅甸十二月节庆是缅甸传统文化中的一个重要部分,缅历九月(公历11月)是缅甸传统的敬神节。据史书记载,从良渊王朝开始,敬神节期间有敬十五位神的传统。自神灵祭祀习俗出现开始,就有了敬神节,蒲甘时期的碑文记载中就已经出现了这个节日,只是那时候的名字跟现在有一些不同,但是大概意思都是祭神。从缅历226年开始,有每年敬神节到波巴山祭祀玛哈吉利神组的传统,蒲甘一带的大部分人都会宰牛杀羊,用酒等祭祀神灵。到了阿奴律陀时期,他禁止了百姓大肆杀生祭祀神灵的行为,因此从这时候开始不再用活物祭祀神灵。但是祭祀象头神的传统却一直延续。这期间,每到敬神节,人们敲锣打鼓地将象头神从蒲甘瑞喜宫佛塔请到皇宫中,由国王和王子王孙、文武百官们用甜酥食品、牛奶、黄油祭拜[3]。

第三是象头神信仰对文学界的影响。缅甸古代时期,作者为了使自己的作品完整,在缅甸四言叙事长诗体、经书著作等的序言部分会祈祷佛法僧三宝以及各类善神来守护自己的作品。这些被祈祷的对象之中,有从印度婆罗门传来的毗湿奴、萨拉斯瓦蒂等神。良渊王朝后期,根据帝王的旨意,获得过"纳瓦德"大奖的大臣明亚若翻译编写了孟族宫廷长诗《黑达尕侬》,他在第一部分中向各类善神祈祷,这些善神中就包含象头神。这种

---

[1] 登伦.象头神与缅甸文化.仰光:第五书局,2017.
[2] 钟智翔.略论印度文化对缅甸文化的影响.南亚研究季刊,2002(3):57-63.
[3] 登伦.象头神与缅甸文化.仰光:第五书局,2017.

前言中加入祈祷内容的传统到贡榜王朝时期依然在持续。这些作者相信,这些善神能保佑他们的作品获得好的奖励,而这些善神中除了佛教的神之外,象头神这类来自印度可以守护世界的善神也是他们的祈祷对象。根据缅甸的创世经书中记载的代代相传的宇宙观,忉利天上的须弥山东南西北四方有四位大神和十二位其他守护神。这十二位大神当中,印度教神雪山女神帕尔瓦蒂、辩才天女萨拉斯瓦蒂、象头神等也在其中,所以他们接受这些印度神作为世界守护神的身份,并虔诚地供奉他们。缅甸古代各个时期的诗歌、经文等各类文学中也便有了象头神。

第四是对缅甸传统习俗的影响。从缅甸古代开始就有成年男子文身的习俗,文身是一个成年男子的象征。文身一般被文于大腿或者双臂,由一个大图或者一些小图构成。据《缅甸大史》记载,阿郎帕耶王进攻曼尼坡时组建了神兵队,命神兵队全体将士将象头神的神像文在身上,结果士兵士气大振,作战勇猛异常,很快消灭了曼尼坡人,占领了曼尼坡,并在曼尼坡城门竖立石碑,上面刻写的碑文中也有婆罗门教毗湿奴等神的名字[①]。

第五是对缅甸传统僧院佛寺建筑的影响。古代缅甸的僧院、寺院等受到了婆罗门建筑风格的影响,雕塑等非常华美,这些僧院、寺院雕塑中有很多婆罗门教神。曼德勒的"桑姣"僧院在殖民时期被保存下来,这个贡榜王朝时期建的僧院的底层雕刻了守护神、罗刹等,象头神也在其中。

第六是对缅甸传统手工艺的影响。象头神崇拜在掸邦地区非常普遍,木头、象牙、铜、金、银等材质制成的象头神辟邪物处处可见。他们认为象头神能趋福避祸,有带来好运的能力和帮助人们的能力。除了各种各样的辟邪物,掸邦出产的传统漆器上也多见象头神的形象。除此之外,我们在缅甸传统艺术中也时常能见到象头神的影子。缅甸传统的木雕工艺、漆器工艺、镶嵌工艺中,象头神被认为是可以排除困难获得吉祥的一尊工艺守护神,因此这些工艺人常会制作并供奉象头神。

最后是和佛教之间的调适。象头神被认为是一尊佛教守护神,佛寺中经常会出现铜钟和象头神结合的造像。曼德勒马哈木尼佛塔广场西边的偏厅中就有一口大约高7英尺(约2.1米)的大钟,大钟上方就有象头神的雕塑。"野萨觉"市的"袍朵吴"佛塔中也有一口铜钟,铜钟的上方同样坐立着一尊象头神的雕像。

孟邦毛腊棉市"嘉德兰"佛塔的院子中西北方向有一口银色大钟,这口钟大约高4英

---

① 姜永仁.婆罗门教、印度教在缅甸的传播与发展.东南亚南亚研究,2006(2):35-43.

尺(约1.2米)。据钟上的记载,这是缅历1236年一个学校的主任夫妇布施的。这口钟的上方悬臂上有着彩色的象头神塑像,象头神双腿曲起坐于悬臂上,身体前倾,双手持象鼻,形象惟妙惟肖。马圭省马圭市"德业"镇"勒版"村的"桑朵信玛哈本那"佛塔的院子里南方,也有一口钟,钟上方吊环上同样坐立着象头神的雕像。

总的来说,婆罗门教传入缅甸的时间早于佛教,并在缅甸历史上占据重要地位。上层阶级主动接受婆罗门教并由上而下地推广。随着婆罗门教的传入,象头神被缅甸民众很好地接受,并成为本土神的一部分。以象头神为切入点,从它的本土化历程可以看出,婆罗门教文化对缅甸上层阶级的宫廷仪式、传统节日、传统习俗、传统工艺、传统僧院建筑风格以及缅甸文学史等各个方面都产生了重要影响。

(作者系云南大学东南亚南亚语言文化学院研究生)

·语言文学与文化研究

兴化方言与越南语语音对比浅析

宣玉娟　方晨明

摘要：越南文化自古以来就受到中国文化的影响，语言文字亦是如此。据史料记载及考古发现，越南民族与我国扬子江流域的百越民族存在着密切关联。将扬子江流域的兴化方言与越南语进行语音对比研究，不仅可以探索二者之间的差异与相同，还可以反过来验证越南语言文化与中国长江流域语言文化之间不可脱离的文化关系。

关键词：兴化方言　越南语　语音对比

江苏省兴化市位于长江三角洲北翼，东面及北面与盐城市交界，西与扬州市的高邮、宝应接壤，南与江都、姜堰毗接。兴化地势平坦，土地肥沃，最大的特点就是河流纵横，民间有俗语称兴化"五步一座桥，十步一条河"，因水源丰沛，素有"鱼米之乡"之称。

"兴化"一词来源于"兴盛教化"。兴化市中心为昭阳镇，原是楚将昭阳的食邑，是一座历经 2 300 多年沧桑的省级历史文化名城。观古至今，这方神奇的水土孕育了数位人才，古有明朝宰相李春芳，《水浒传》作者施耐庵，清代扬州八怪代表郑板桥、李鱓，著名文艺理论家《艺概》作者刘熙载等，今有两院院士朱亚杰、王振义，国际象棋特级大师谷笑冰、侯逸凡，文化名流袁木、毕飞宇等。

越南地处中南半岛的东部，北与中国广西、云南省接壤，西与老挝、柬埔寨接壤，东海岸线直面我国南海。历史上，越南中北部受中国统治或为中国附属国。公元前 214 年，秦始皇在岭南地区设置桂林郡、南海郡、象郡三郡，其中越南北部受象郡管理。公元前 111 年，汉武帝在越南中北部设交趾、九真、日南三郡。在此后的一千多年中，越南中北部地区一直是中国的直属领土。公元 10 世纪，也就是我国古代五代十国期间，越南脱离中国,成为中国的附属国。但在此期间越南仍然使用汉字(其中也使用过根据汉字创造的喃字)。直到法国入侵越南,为了更好地进行殖民统治,法国人用拉丁字母记录越南语语音,创造了现在的越南语。

之所以选择兴化方言与越南语进行语音对比,主要有以下两个原因:

首先,"据史料记载及考古发现,国内外学者公认,越南文明从石器时代就受到中国文明的强大影响。我国研究百越史的专家一致认为,越南红河流域的骆越人属于中国百越民族的一支,由中国'扬子江流域'(远古扬子江流域并不是仅指现在的江苏长江沿岸,而是广泛地指长江以南的江浙、江西、福建等地。也有学者认为是从四川沿江地区至今江苏盐城滨海县的广大地区)迁往今越北,与当地土著居民融合,形成今天的越南主体民族京族"[1]。同时,泰州境内考古发现了良渚文化遗址。"由于良渚文化属于'百越文化'系统,是由古越人创造的,泰州地区的原始居民自然是古越人,使用的语言是古越语。"[2]因此,长江流域沿岸的语言必然与越南语有着千丝万缕的联系。

其次,兴化的地理位置比较独特。根据刘祥柏的最新研究,江苏省境内使用江淮官话的地区包括了苏中地区的扬州、泰州、南通三市,而兴化隶属泰州市,是其下辖的县级市。正如本文开篇所述,兴化的地理位置极具优势,是苏中之中。其西南片的方言受扬州方言的影响,西北片的方言受到盐城方言的冲击,圩南片毗邻泰州市,其方言直接就是通泰(江苏省南通市,江苏省泰州市)语。因此,对比研究越南语与江苏境内长江流域以北地区的方言,兴化方言具有较高的代表性。

故而将长江流域沿岸的兴化方言与越南语进行语音对比,不仅可以探索二者之间的差异与相同,还可以反过来验证越南语言文化与中国语言文化之间不可脱离的关系。

此外,兴化方言并不是统一的,存在一定的地域差异性,兴化方言可分为四种分支方言:以昭阳镇为代表的西南片,以沙沟镇为代表的西北片,以临城镇为代表的圩南片,以安丰镇为代表的东北片。由于圩南片较接近长江,更贴合本文的研究方向,因此笔者选择了兴化市南片区的临城镇方言作为与越南语的语音进行比较研究的对象。

---

[1] 宦玉娟,吕士清.越南鸟图腾崇拜的起源问题.东南亚南亚研究,2012(2):75.
[2] 徐小兵.江苏泰州地区方言的历史演变.文学界(理论版),2011(11):74.

一、语音系统的对比[①]

（一）元音

1. 单元音对比

(1) 兴化方言有9个单元音音位,分别为:

/a/,/o/,/ɤ/,/i/,/u/,/y/,/e/,/œ/,/æ/。

(2) 越南语有11个单元音音位,分别为:

/ɑ/,/a/,/ɤ/,/ə/,/ɔ/,/o/,/u/,/ɯ/,/ɛ/,/e/,/i/。

通过兴化方言和越南语单元音的对比,可以得出以下结论:

(1) 越南语比兴化方言多3个单元音。

(2) 越南语中有6个单元音与兴化方言相同:/ɑ/,/o/,/ɤ/,/i/,/u/,/e/。

(3) 兴化方言中的9个单元音都可以单独成为一个音节,有区别词的意义的作用。但是越南语中,/a/和/ə/不能单独作韵母。

2. 双元音对比

(1) 兴化方言有9个双元音韵母,分别为:

/ɯu̯/,/ei/,/ia/,/io/,/iɤ/,/u̯a/,/u̯i/,/u̯œ/,/u̯e/。

(2) 越南语有23个双元音韵母,分别为:

/ie/,/uo/,/ɯɤ/,/ai/,/ɤi/,/ɔi/,/oi/,/ui/,/ɯi/,/ăi/,/ɤ̆i/,/au̯/,
/ɯu̯/,/ɛu̯/,/eu̯/,/iu̯/,/ău̯/,/ɤ̆u̯/,/u̯a/,/u̯ɤ/,/u̯ɛ/,/u̯e/,/u̯i/。

通过兴化方言和越南语双元音韵母的对比,可以得出以下结论:

(1) 越南语比兴化方言多14个双元音韵母。

(2) 越南语中有4个双元音韵母与兴化方言相同,且这四个双元音韵母均为全响双元音韵母:/ɯu̯/,/u̯a/,/u̯i/,/u̯e/。

(3) 越南语语音中还有13个三元音韵母,兴化方言中则没有三元音韵母:

/ieu̯/,/uoi̯/,/ɯɤi/,/ɯɤu̯/,/u̯ai/,/u̯au̯/,/u̯ăi/,/u̯ău̯/,/u̯ɤi/,/u̯ɛu̯/,

---

[①] 兴化方言语音系统部分参考:孙蕾.兴化方言修辞研究.扬州:扬州大学,2013.

/u̯eu̯/、/u̯iu̯/、/u̯ie/。

(二) 辅音

1. 兴化方言有 19 个辅音

/p/、/p'/、/t/、/t'/、/k/、/k'/、/m/、/n/、/f/、/s/、/ɕ/、/x/、/ʐ/、/ts/、/ts'/、/tɕ/、/tɕ'/、/w/、/j/。

2. 越南语有 22 个辅音

/p/、/b/、/m/、/f/、/v/、/k/、/ɣ/、/ŋ/、/x/、/h/、/t/、/d/、/n/、/t'/、/l/、/c/、/z/、/ɲ/、/s/、/ʈ/、/ʐ/、/ʂ/。

通过兴化方言和越南语辅音的对比，可以得出以下结论：

(1) 越南语比兴化方言多 3 个辅音。

(2) 兴化方言中有 10 个辅音和越南语一样，分别为：

/p/、/t/、/t'/、/k/、/m/、/n/、/f/、/s/、/x/、/ʐ/。

(三) 元音后附辅音

1. 单元音后附辅音对比

(1) 兴化方言有 9 个单元音后附辅音，分别为：

/ən/、/aŋ/、/ak/、/en/、/oŋ/、/u̯ŋ/、/uk/、/in/、/ĩk/。

(2) 越南语语音中有 63 个单元音后附辅音，分别为：

/am/、/ap/、/an/、/at/、/aŋ/、/ak/、/ăm/、/ăp/、/ăn/、/ăt/、/ăŋ/、/ăk/、/ɣm/、/ɣp/、/ɣn/、/ɣt/、/ɛŋ/、/ɛk/、/əm/、/əp/、/ən/、/ət/、/əŋ/、/ək/、/ɔm/、/ɔp/、/ɔn/、/ɔt/、/ɔ̃ŋ/、/ɔ̃k/、/om/、/op/、/on/、/ot/、/õŋ/、/õk/、/um/、/up/、/un/、/ut/、/ŭŋ/、/ŭk/、/ɯt/、/ɯŋ/、/ɯk/、/ɛm/、/ɛp/、/ɛn/、/ɛt/、/ẽŋ/、/ẽk/、/em/、/ep/、/en/、/et/、/ẽŋ/、/ẽk/、/im/、/ip/、/in/、/it/、/ĩŋ/、/ĩk/。

通过兴化方言和越南语单元音后附辅音的对比，可以得出以下结论：

(1) 越南语比兴化方言多 54 个单元音后附辅音。

(2) 兴化方言中有 6 个单元音后附辅音和越南语一样，分别为：

/ən/、/aŋ/、/ak/、/en/、/in/、/ĩk/。

2. 双元音后附辅音对比

(1) 兴化方言有 8 个双元音后附辅音,分别为:

/iaŋ/、/ioŋ/、/iœk/、/yaŋ/、/yak/、/yæk/、/yœk/、/uən/。

(2) 越南语语音中有 45 个双元音后附辅音,分别为:

/iem/、/iep/、/ien/、/iet/、/ieŋ/、/iek/、/uom/、/uon/、/uot/、/uoŋ/、
/uok/、/ɯɣm/、/ɯɣp/、/ɯɣn/、/ɯɣt/、/ɯɣŋ/、/ɯɣk/、/u̯am/、/u̯ap/、
/u̯an/、/u̯at/、/u̯aŋ/、/u̯ak/、/u̯ăm/、/u̯ăp/、/u̯ăn/、/u̯ăt/、/u̯ăŋ/、/u̯ăk/、
/u̯ən/、/u̯ət/、/u̯əŋ/、/u̯ɛm/、/u̯ɛn/、/u̯ɛt/、/u̯ɛ̃ŋ/、/u̯ɛk/、/u̯en/、/u̯et/、
/u̯ẽŋ/、/u̯ek/、/u̯in/、/u̯it/、/u̯ĩŋ/、/u̯ĩk/。

通过兴化方言和越南语双元音后附辅音的对比,可以得出以下结论:

(1) 越南语比兴化方言多 37 个双元音后附辅音,且所有双元音后附辅音没有一个与兴化方言相同。

(2) 越南语中还有 2 个三元音后附辅音韵母,兴化方言中则没有:

/u̯ien/、/u̯iet/。

二、声调的对比

(一) 兴化方言有 7 个声调,如下表:

兴化方言声调表[①]

阴平	阳平	上声	阴去	阳去	阴入	阳入
33	35	214	55	21	4	5

---

① 表中数据部分参考:章婷,朱晓农.兴化方言双域七调:调型格局和发声态演化.南京师范大学文学院学报,2014(4):166-173。

（二）越南语有6个声调，如下表：

越南语声调表

横声	玄声	问声	跌声	锐声	重声
55	11	214	135	35	21

通过兴化方言和越南语声调的对比，可以得出以下结论：

(1) 兴化方言比越南语多1个声调。

(2) 兴化方言中有4个声调与越南语相同：兴化方言的"阳平""上声""阴去""阳去"分别和越南语的"锐声""问声""横声""重声"相同。

三、音节的对比

音节是由一个或几倍素组成的语音单位。兴化方言属于汉语方言的一支，因此其音节也同汉语音节一样，一个完整的音节包含：声母、韵母、声调。越南语的音节，是由声母、韵母和声调按一定的方式构成的最小的语言自然使用单位。二者具体比较如下：

（一）声母

兴化方言中的19个辅音均可充当声母。越南语声母为音节起头的辅音，即前辅音。

（二）韵母

兴化方言中的9个单元音后附辅音和8个双元音后附辅音都可以充当韵母。同汉语普通话一样，兴化方言的韵母可分为韵头、韵腹、韵尾。越南语介音为韵母起首的垫音，即韵头，由半元音/u̯/充当。越南语主音为韵母的主要元音，即韵腹或叫韵根，由/ɑ/,/a/,/ɤ/,/ə/,/ɔ/,/o/,/u/,/ɯ/,/ɛ/,/e/,/i/ 11个单元音和/ie/,/uo/,/ɯɤ/ 3个全响双元音充当。越南语尾音为韵母末尾的轻短音，即韵尾，包括：两个半元音韵尾/u̯/,/i̯/；三个鼻辅音韵尾/m/,/n/,/ŋ/；三个塞辅音韵尾/p/,/t/,/k/。音节中多数有韵尾，但也有一些音节没有韵尾。

（三）声调的对比已经在第二部分详述，在此不再赘述

（四）音节特点对比

(1) 兴化方言最简单的一个音节可以没有声母、韵头和韵尾，但必须有韵腹和声调。

越南语每一个音节都有主音和声调,有的音节可以没有声母、介音或尾音,音节中的主音可以是一个单元音,也可以是全响双元音。

(2) 兴化方言一个音节最多有5个音素,最少有2个音素。越南语的音节最多的有5个音素,最少的只有1个音素。

(3) 兴化方言中的大多数辅音不能充当音节,只有一个特殊的辅音可成音节,如"我":/ŋ/²¹⁴;"好的":/ŋ/²¹/na/²¹。而出现在元音后,作尾辅音的有三个:/k/,/n/,/ŋ/。越南语本身的音节系统没有连续两个辅音的现象,辅音要么同时出现在首和尾(其间有元音),要么只出现在首或尾,而现代越南语中出现的复辅音均属外来语。

(4) 兴化方言中除了单元音可以单独充当一个音节,其他的双元音、单元音后附辅音、双元音后附辅音大多数需加辅音才能成音节。越南语单元音(除短元音/ɑ/,/a/外)和双元音(除/ɯɣ/,/ɯi̯/外)都能自成音节,三元音以及单元音后附辅音、双元音后附辅音、三元音后附辅音大多数也可自成音节。

(5) 越南语的音节量相当丰富,不计声调因素在内,约有2 500个之多;计入声调因素,则可多达7 000个。兴化方言可参考汉语普通话的音节,汉语普通话的音节不计声调因素有418个,约占越南语音节量的16.7%;计入声调因素,达1 332个,约占越南语音节量的19.0%。

四、小结

通过兴化方言和越南语的对比,我们可以得出以下结论:

首先,无论是元音还是辅音,越南语都占绝对优势,比兴化方言多。究其原因,越南语使用的是拼音文字,整个语言系统需要有大量拼音支撑才能完整表达社会生活的方方面面;而兴化方言虽有自己的语音系统,却采用的是全国统一的汉字,汉字可以一音多义,不需要太多拼音就可以表达多种意思。

其次,兴化方言和越南语在语音方面既有相似之处也有不同之处。兴化方言的单元音和辅音超过半数与越南语相同;7个声调中有4个与越南语声调相同。但是当语音单位变得复杂时,两者相像的就越来越少,甚至越南语语音中的一些语音单位如三元音后附辅音是兴化方言中所没有的。

由此可见,在历史的长河中,由于民族融合所带来的社会变迁,从中国扬子江流域迁往越南北部的越南民族,其语言也在不断融合改变,但最简单的语音仍然在语言融合与变化中被保留了下来。

参考文献

[1] 宧玉娟,吕士清.越南鸟图腾崇拜的起源问题.东南亚南亚研究,2012(2):74—78.
[2] 徐小兵.江苏泰州地区方言的历史演变.文学界(理论版),2011(11):74—76.
[3] 孙蕾.兴化方言修辞研究.扬州:扬州大学,2013.
[4] 章婷,朱晓农.兴化方言双域七调:调型格局和发声态演化.南京师范大学文学院学报,2014(4):166—173.

(作者:宧玉娟系国防科技大学国际关系学院讲师;
方晨明系云南民族大学东南亚学院副教授)

浅析阿瑜陀耶时期外交对服饰文化的影响

黄心蕾

摘要:阿瑜陀耶王朝时期作为泰国历史上重要的王朝时期,具有悠久的历史文化和底蕴。服饰文化作为社会文化的一个重要组成部分,受到了当时政治、外交的影响,因而从一定层面上反映了当时泰国对外交往的情况。本文将透过阿瑜陀耶王朝时期的泰国服饰变化,解析当时泰国对外交往的情况。

关键词:服饰变化　阿瑜陀耶王朝　泰国外交

一、引言

阿瑜陀耶王朝作为泰国历史上第二个统一王朝,传世34代,历经417年,是泰国历史上一个非常重要的王朝。阿瑜陀耶王朝,在外交史上不仅延续着和中国、印度、日本、马来亚和安南(今越南)等国的交往,还最早同西方接触,同葡萄牙人、英国人、荷兰人、法国人等有过接触。虽然1687年后爆发了泰国人民反对西方殖民主义者的斗争,致使泰国一度断绝了与西方的交往(长达140年)但是西方文化给泰国服饰所带来的文化影响却一直流传至今。下面,将具体介绍阿瑜陀耶王朝时期的着装分类及泰国外交对服饰文化造成的影响。

每个王朝的发展都不是一帆风顺的,阿瑜陀耶王朝也经历了兴起、繁荣、动乱等时期,因此阿瑜陀耶王朝时期的泰国着装,根据国家形势变化而发生了改变。自1350年,乌通王建立了阿瑜陀耶王朝,在长达417年的王朝历史中,阿瑜陀耶的着装可以分为3

个类型：

(1) 宫廷法规型着装。主要是针对贵族、上层阶级，包括具有一定社会地位的男士、女士，且女士多盘发的一种装扮风格。

(2) 平民型着装(阿瑜陀耶中叶时期)。北方城市一带喜穿撩幔尾，男士多留长发，越往南头发长度越短。那莱王统治时期，男士多留旧发式(头上部留圆形短发，其余剃光)，女士喜欢留长发并盘发。

(3) 战争时期(阿瑜陀耶王朝后期)，无论男女都要参与到保护国家的战争中，因此女士剪短发，为了能乔装成男子且便于逃跑，衣服饰品剪裁包身，不让其过于宽大而影响行动，披"达班幔"(用长布条从背后围至胸前再将两段交叉系在颈背上)，而男士则没有变化[①]。

而阿瑜陀耶王朝的着装变化，大致可分为四个时期[②]，即：

(1) 第一个时期：公元 1350—1488 年；

(2) 第二个时期：公元 1489—1628 年；

(3) 第三个时期：公元 1629—1732 年；

(4) 第四个时期：公元 1733—1767 年。

二、四个时期的服饰特点及当时对外交往情况

(一) 第一个时期(公元 1350—1488 年)

这个时期的泰国处于君主专制时期，在服饰、发型、饰品佩戴上有着明显的等级区分，普遍的着装是：

女士挽发，发型可分为两种：一是将头发盘在脑后，靠近脖子的地方；二是将头发盘在头顶，发髻上佩戴发饰[一种紧套在顶髻上的饰物，泰国人称其为เกี้ยว(顶髻套)]。服饰上，上身着直筒袖、圆领、前开襟上衣，衣服紧身、齐臀，下身着直筒裙，外侧向里折叠。首饰多为斜肩链、手链、手镯、耳环。

男士侍卫和普通民众多留短发，部分男士也会像女士一样将头发盘在头顶。下身着

---

① อภิโชค แซ่โค้ว. กรุงเทพฯ: จุฬาลงกรณ์มหาวิทยาลัย 2642：28.
② สมภพ จันทรประภา. ประวัติเครื่องแต่งกาย. กรุงเทพฯ: จุฬาลงกรณ์ มหาวิทยาลัย. 2526：28.

齐膝短裤,齐膝部分裤角收窄,外层再围一条纱笼,以布条在腰部固定,上身衣服为V领,衣袖至手臂中段,开襟,左襟压右襟,衣服领子、袖口、下摆边沿有印花。

ภาพเขียนเลียนแบบจากพวงผกา คุโรวาท(2535:55)

这个时期的泰国布料、印染花纹除了本土产的以外,还从印度进口了很多。自เชียงแสน(清盛)时期起,泰国就一直受到印度文化的影响,从印度进口布料后,泰国人民不仅受到了印度布料艺术的影响,还根据时代的发展逐渐融合成具有自身特色的泰国艺术,因此生产出一些极具泰国特色的布料销往周边国家。由于生产力低下、印染技术的不成熟,泰国从印度和高棉(今柬埔寨)进口过布料,因此泰国服饰一直都带有印度和高棉的特点,并一直延续至阿瑜陀耶王朝时期。而阿瑜陀耶具有优越的地理位置,沿海城市经贸发达,来自中国、印度、马来西亚、安南的商人络绎不绝,这也使得泰国的服饰因受到这些地区的影响而产生了变化。

(二) 第二个时期(公元 1489—1628 年)

这个时期的泰国国家形势在和平安宁和战争动荡中反复,与他国的外交关系也呈现出风云变化的局面,这使得泰国人民的服饰风格发生变化,尤其是贵族和平民的服饰风格差异进一步拉大。

第二个时期女士的着装风格是:平民大多剪短发,中分,少数女士还会选择留长发,盘于头顶。但到1569年后这样的发型逐渐减少,因为很多平民女士需要承担繁重的工作,没有时间继续盘发,而贵族女士依然多留长发并盘发,佩戴发饰。服饰上,平民女子多穿撩幔尾和筒裙,上身着圆领长袖上衣,不佩戴披肩,而贵族女士多穿V领上衣,双肩上佩披肩,从前至后搭在双肩上。而实际上,披肩的佩戴方式有以下6种:

(1) 包裹上身,尾端收起别在衣服里边;

(2) 绕胸一圈,而后从前至后搭在左肩上,披肩尾端长至腿弯;

(3) 搭肩式:绕胸缠绕一圈,交会至前胸,交叉折叠后搭至双肩,尾端自双肩自然垂落;

(4) 从前至后自然搭在双肩上,尾端自然垂落;

(5) 绕脖,尾端垂落前边;

(6) 用一块大披肩披在肩上,类似于披风。

男士留短发,中分,下身着撩幔尾,不穿上衣,上半身用一条长布从前至后搭在双肩,前段至胸部,尾端自肩上自然垂落。

ภาพเขียนเลียนแบบจากพวงผกา คุโรวาท(2535:56)

这个时期的泰国的服饰风格,在布料的花纹上与前一个时期相差不大,平民女士和贵族女士的着装差异主要体现在布料和穿衣方式上,平民女子因为要从事繁重的工作,衣服多素净简洁,而贵族女子因为不用劳作,衣服多花纹,也比较烦琐,并配以披肩。而且1370年,中国明朝建立后的第三年,就派遣使团出访阿瑜陀耶王朝,在1370—1644年这274年间,两国使臣互访不断,阿瑜陀耶使团出访中国多达110次。在阿瑜陀耶使团向明朝的朝贡中,泰国向明朝上贡的多为大象、象牙、胡椒、苏木等,而明朝天子则赐予使团生丝、丝绸及瓷器等[1]。例如在《太祖洪武实录》,卷一百零二中就曾记载:"暹罗国旧明台王世子昭勃罗局遣使奈暴仑进金叶表文,贡方物。诏赐昭勃罗局金文琦、杂彩、纱罗各六匹。"[2]而生丝、丝绸等布料在当时的泰国属于奢侈品,只有贵族才有资格使用,因此贵族女士的服饰要更显高贵华丽。

除此之外,1511年,葡萄牙占领了马六甲,于同年向泰国派遣了使团,这是阿瑜陀耶王朝历史中第一次有欧洲人到达其都城阿瑜陀耶,随后两国交往日渐频繁。1516年,阿瑜陀耶王朝和葡萄牙签订了商业条约,允许葡萄牙人来泰国居住。1555年,第一批葡萄牙传教士来到阿瑜陀耶宣传教义。自此以后,越来越多的欧洲国家看中了这块贸易市场,纷纷来到阿瑜陀耶,比如荷兰、西班牙等国,这些西方国家的到来,不仅带来了贸易,还带来了他们的野心。阿瑜陀耶王朝与欧洲国家的交往,不仅使本国的贸易市场在一定

---

[1] 余定邦,陈树森.中泰关系史.北京:中华书局,2009:34.
[2] "中央研究院"历史语言研究所.明实录:太祖洪武实录:卷一百零二.上海:上海书店出版社,1984:3.

程度上受到了冲击,西方的服饰也给泰国传统服饰带来了影响,一些改信了天主教的泰国民众也模仿着欧洲的着装,加上当时来到阿瑜陀耶的外国侨民日益增多,各个国家的着装风格融合在一起,成了当时一景。

这个时期的后半段,即1546年后,阿瑜陀耶王朝开始陷入战争的动乱之中,当时统一后的缅甸对阿瑜陀耶王朝发起了战争,两国自此开始了200多年的争斗。由于不时的战争动乱,很多民众饱受磨难,生活跌宕起伏,很多女士放弃了原有繁杂的着装风格,转而偏向男士的着装,例如剪短发,穿裤装,都是为了便于逃跑和伪装。史料曾记载,素丽瑶泰王后就曾女扮男装随国王出征,救了国王的性命,但自己却牺牲在缅军手上,不过至今王后的英勇仍在泰国人民中间流传。这段史料也说明了当时阿瑜陀耶的时局动荡和人民的生活状态。

(三)第三个时期(公元1629—1732年)

1592年12月,纳黎萱大帝御驾亲征,和缅甸太子在战场上相遇,这一战阿瑜陀耶军队重创了缅甸军队,使得之后的150年缅甸再无力入侵阿瑜陀耶,为当时民众赢得了宝贵的和平时光。这个时期的泰国人民多致力于恢复生息,发展国家经济,因此当时的服饰多有以下特点。

贵族女士发型多偏向于缅甸和兰那王朝女子的发型,将部分头发盘至头顶,用花环装饰,其余长发在脑后散开,而平民女子将头顶周围一圈的头发剪短,其余长发在脑后自然散开,在当时人们将这样的发型称为ผมปีก(发翅)。还有一部分人将后脑勺的头发剃光,未婚女子则盘发用花环装饰,后脑勺头发不剃,披发。在穿着上,贵族女子下身穿纱笼,上身穿V领直筒长袖上衣(之前流行圆领),平民女子上身缠绕披肩,披肩有3种穿戴方式:①抹胸样式;②斜披肩样式;③从背后将披肩围至胸前再将两段交叉系在颈背上,这个样式适合工作和战斗。女士发髻上佩戴金簪,手上佩戴多枚戒指,戴项链、手链。贵族女士还擦粉,牙齿染色,指甲留长并染成红色,平民女子不留指甲,不擦粉,不抹胭脂。

男士多留旧发式(头上部留圆形短发,其余剃光),下半身穿撩幔尾,上半身用白色长布围脖,从前至后,两端自肩部自然垂落。平时穿圆领前开襟长袖上衣,参加各种仪式时穿纽扣式及膝上衣,衣服上有8—10枚纽扣,衣服肩膀处为宽袖,长度不及肘部,并配以各式各样的帽子,官员们戴尖顶冠,参加仪式时穿类似于非洲摩尔人样式的尖头拖鞋。

ภาพเขียนเลียนแบบจากพวงผกา คุโรวาท(2535:56)

纳黎萱大帝统治时期,泰国国力强盛,国家版图不断扩张,涵盖兰那、南掌、素可泰、柬埔寨直至新加坡的整个马来半岛①,因此在发型、衣服上还延续了兰那、素可泰时期的服饰特点。而且自阿瑜陀耶王朝中期,那莱王统治时期,阿瑜陀耶与西方国家间的贸易开始加强,那莱王与法国国王路易十四还互派使者。贸易的加强,使得外国的饰品以及制作工艺不断传至泰国,并与本国饰品特点相融合,因此这个时期的泰国饰品与以往有很大的变化。但在1687年,由于法国使者带领600名士兵入境,进一步激发了西方殖民主义者和泰国人民之间的矛盾,因此帕碧罗阁王驱逐了法国人,并关闭了泰国对西方的门户,长达140年。

那莱王统治时期,泰国人民用于裁制衣服的其中一种布料,当时被称为ผ้าลายอย่าง(多线状条纹的布料),是当时泰国政府印染后,专门销售至印度的一种布料,只为了在印度进行再一次印染,因为当时阿瑜陀耶不具备那样的印染技术。而官员觐见国王时,需要在王宫内换上专门的服饰,国王会赐予"蒙"级别以上官员一种布料,泰国人称之为ผ้าสองปัก(团花状纹饰的布料),是来自高棉的贡品。阿瑜陀耶王朝盛产棉布,当时平民的服饰也多由棉布制成,因此在当时阿瑜陀耶王朝与日本的贸易中,棉布是畅销产品之一。正是因为日泰贸易频繁,很多日本人来到阿瑜陀耶定居,甚至曾经出现过"日本街"这样的聚居地,后来因为种种原因,1632年后,泰国和日本断绝了来往。

1644年,清朝取代了明朝的统治,在1647年发表文告,如暹罗等国有"纳款来朝者,地方官即为奏达,与朝鲜等国一体优待,用普怀柔"②。阿瑜陀耶王朝很快派来使团,从1664年开始直至阿瑜陀耶王朝结束,阿瑜陀耶王朝向清朝遣使共16次,民间交往不计其数。暹罗使团向清朝皇帝上贡了各种特产,康熙帝则赐予暹罗皇帝金印、诰命、匾额、名

---

① 田禾,周方志.列国志·泰国.北京:社会科学文献出版社,2010:93.
② 华文书局.清世祖实录.卷三十.北京:华文书局,1958:20.

贵布匹等①。

(四) 第四个时期(公元 1733—1767 年)

这个时期阿瑜陀耶王朝处于王朝的衰落期,内忧外患,民不聊生。从碧武里府的 สุวรรณาม(素弯楠)寺庙中,还可以看到关于这个时期的国王和贵族的服饰特点的证据,大致有以下这些方面。

女士发型有 3 种:① 头发盘至头顶;②留"发翅"样式;③卷发,头发盘起两圈,将发卷盘在左边或右边。贵族女子穿前折叠纱笼,围织锦胸衣,衣服滚金边(衣服为丝质,装饰有铜丝线),围披肩;平民女子上身围胸布或围披肩,下身穿绊尾幔或筒裙。披肩穿戴有两种形式:一是在上衣外边搭上披肩,从前至后将披肩搭在双肩上,尾端自然垂落;二是在家时不穿上衣,将披肩作为抹胸上衣。首饰佩戴上,贵族女子喜欢戴斜肩链,同时佩戴几个手镯,手镯宽度比前几个时期都要宽,腰链多为鲜花样式,和其他时代相比,这个时期的女子喜欢带各式各样的尾戒和蛇形臂钏。化妆打扮上,这个时期的女子喜欢将上半身擦成黄色,脸上擦白色粉底,牙齿染黑,指甲用花朵染成红色。

男士留旧式发型,擦香水。服饰上,穿圆领套头上衣,袖子长至肘部,佩戴长布围脖,从前至后,两端自肩部自然垂落,下半身穿绊尾幔。

ภาพเขียนเลียนแบบจากพวงผกา คุโรวาท(2535:56)

实际上,这个时期的平民女子多留短发,为了能乔装成男子且便于逃跑,衣服饰品剪裁包身,不让其过于宽大而影响行动。因为这个时期的阿瑜陀耶王朝面临着内忧外患,国内帝王耽于梵音、溺于安逸,外部缅甸再次崛起,对阿瑜陀耶王朝发动了战争,1767 年 4 月 7 日,在被缅甸大军围困了 14 个月后,阿瑜陀耶王朝大势已去,最终国破城亡。缅甸军俘虏了当时城内的 3 万泰人后,在城内烧杀掳掠,致使阿瑜陀耶这个有着 417 年历史的古都被焚毁,仅留下断壁残垣供后人瞻仰。

---

① 余定邦. 清朝与泰国阿瑜陀耶王朝的关系. 东南亚南亚研究,1992(1):21—22.

阿瑜陀耶王朝后期早已断绝了与西方各国和日本的对外交往，而当时清朝与泰国的交易前期的朝贡中，清朝皇帝曾经赐予当时的暹罗国王各种名贵布料，如乾隆二十二年（1757年）对暹罗使团的一份"赏赐"物品清单记载，回赠给暹罗国王的礼物有锦八匹、缎十八匹、织金缎八匹、纱十二匹、织金纱八匹、罗十八匹、织金罗八匹；赠送给王妃的礼物有缎六匹、织金缎四匹、纱六匹、织金纱四匹、罗六匹、织金罗四匹。另外，正贡使、副贡使、三贡使、四贡使各赠送缎八匹、罗五匹、织金罗三匹、绢五匹、里二匹、布一匹。赠给通事缎五匹、罗五匹、绢三匹。从人各赠绢三匹、布八匹①。这些贵族才能使用的布料也促进了当时泰国服饰艺术的发展。后期两国贸易主要集中在大米交易上，而由于泰国国内的局势动荡，向清朝的大米出口量也在减少，但从未停止，为后来清朝与吞武里王朝、曼谷王朝的友好交往打下了良好基础。

三、结语

通过对阿瑜陀耶王朝四个时期服饰变化的分析，我们可以看出，在当时君主专制的王朝统治下，虽然每个时期的服饰在大体上变化不大，但都体现出当时森严的等级分化。历经了417年历史的阿瑜陀耶王朝，其服饰特点在泰国服饰变迁的历史上留下了浓墨重彩的一笔，而造成其变化的根本就在于当时阿瑜陀耶王朝的社会形态和对外交往的影响。尤其是印度、高棉、中国对阿瑜陀耶王朝的服饰影响尤为巨大。当时阿瑜陀耶王朝的布料主要是丝和麻，普通百姓多用麻和棉制衣，只有贵族才能用丝制衣，中国向泰国出口的金锦，就是贵族地位的象征②。在这三个国家同泰国的对外交往中，如果说印度、高棉推动了当时阿瑜陀耶王朝时期印染技术的发展，丰富了泰国印染技术的积累，那么中国向泰国出口的丝绸、生丝等泰国贵族专用面料就进一步拉大了泰国平民和贵族的差距。

如果说第一、第二时期的短发、绊尾幔展示的是阿瑜陀耶王朝的动荡，与缅甸的常年抗战、与西方侵略殖民主义者的抗争，那么第三、第四时期多样的发型、首饰、筒裙和披肩穿戴表现的就是阿瑜陀耶王朝的繁盛。服饰的变化也是一个国家社会整体变迁和对外交往的鲜明标志，因此研究阿瑜陀耶王朝时期的服饰变化，有助于我们更深入地了解当时泰国对外交往的情况，也能更好地了解阿瑜陀耶这个伟大的王朝。

---

① "中央研究院"历史语言研究所. 明清史料：庚编. 北京：中华书局，1987：511,531,501.
② 陈美君. 浅析泰国阿瑜陀耶服饰文化. 神州（下旬刊），2016(21)：22.

参考文献

[1] อภิโชค แซ่โค้ว. ประวัติเครื่องแต่งกายในสมัยอยุธยา. กรุงเทพฯ: จุฬาลงกรณ์มหาวิทยาลัย. 2642：28.

[2] สมภพ จันทรประภา. ประวัติเครื่องแต่งกาย. กรุงเทพฯ: จุฬาลงกรณ์มหาวิทยาลัย. 2526：28.

[3] ภาพเขียนเลียนแบบจากพวงผกา คุโรวาท (2535：55)

[4] 余定邦,陈树森.中泰关系史.北京:中华书局,2009:34.

[5] "中央研究院"历史语言研究所.明实录:太祖洪武实录:卷一百零二.上海:上海书店出版社,1984:03.

[6] 田禾,周方志.列国志·泰国.北京:社会科学文献出版社,2010:93.

[7] 华文书局.清世祖实录:卷三十.北京:华文书局,1958:20.

[8] 余定邦.清朝与泰国阿瑜陀耶王朝的关系.东南亚南亚研究,1992(1):21-29.

[9] "中央研究院"历史语言研究所.明清史料:庚编.北京:中华书局,1987:511,531,501.

[10] 陈美君.浅析泰国阿瑜陀耶服饰文化.神州(下旬刊),2016(21):20-22.

（作者系国防科技大学国际关系学院讲师）

· 学科建设与教学研究

新形势下军队院校外语非通用语教育与短期培训问题探析

扈琼瑶　钟荣霈

摘要：新形势下为适应"面向部队、面向战场、面向未来"的需要，军队院校外语非通用语教学工作应厘清不同领域对人才能力的不同需求，在传承传统语言教学经验做法的基础上继续创新，根据边防部（分）队对外语非通用人才的现实需要，探索短期培训的新模式。

关键词：军队院校　外语非通用语　短期培训

我军外语非通用语教学历史悠久，中华人民共和国成立以来非通用语种课程在军队教学机构逐步开设。办学近70年来，其已形成较为成熟、独特的人才培养模式，如在教学类别上以学历教育为主，在教学方法上注重在夯实词汇和语法的基础上开展听说训练，在教学内容上偏重语言学和文学性等。新形势下，军队外语非通用语教学工作面临着适应部队现实任务需要，适应未来战场胜利需要的巨大挑战。军队院校外语非通用语教育工作者迫切需要就外语非通用语教学的传承与创新问题进行深入思考。

本文首先界定外语非通用语在相关军事领域人员素质中的主次地位，进而厘清不同岗位对外语非通用语的不同需求，最后就军队院校外语非通用语短期培训中的培训模式和培训内容进行初步探讨。

一、外语非通用语能力是一种"外语非通用语＋"或"＋外语非通用语"的能力

受"互联网＋"一词的启发,部分军队院校对外语非通用语教学提出"外语非通用语＋"的倡议,但笔者认为外语非通用语能力应包含"外语非通用语＋"和"＋外语非通用语"两种不同类别,顺序之别体现了主次不同。

"外语非通用语＋"是以外语非通用语为主,其他技能为辅,把外语非通用语作为专业基础来培养,作为任职的核心技能来塑造。此类人才培养的生源是高中毕业生,对招录为军队院校的生长干部学员进行全面系统的培养,夯实其语言根基。学习内容不仅包括听、说、读、写、译,还包括语言对象国政治、经济、社会、文化、历史、地理、民族习性等各方面知识。

"＋外语非通用语"是在具备一定专业的基础上,根据任务需要而额外掌握的一种外语非通用语技能,也是帮助所学者顺利完成任务的辅助技能。"＋外语非通用语"的培养目标就是注重学员的基本语言应用能力,偏重日常生活用语和专业用语的听说能力培养,对读、写、译能力不做更高要求,主要通过军队院校短期培训来实现。

二、厘清不同军事领域对外语非通用语能力的不同需求是军队院校避免"一锅煮"式培训的前提

不同的军事领域对外语非通用语能力的需求各有不同。

(一) 军事外交领域需要掌握"精""博""专"的外语非通用语能力

军事外交领域对外语非通用语能力的要求最高,这其中包括军方高层会谈翻译保障、军事装备合作翻译保障、军事训练翻译保障、军事援助翻译保障等。除需具备很强的对象国语言听、说、读、写、译能力外,还需熟悉军事装备和军事训练等领域相关知识和词汇,同时还能胜任加深友好关系的人文领域文化交流的翻译保障。外语知识结构上最低应熟练掌握"一门外语非通用语＋通用语(英语)"。军事外交领域从业者需具备精专的对象国语言听、说、读、写、译能力和广博的学识背景,才能在工作实践中开阔视野,多渠道掌握第一手资料,为军事外交工作主动创造良好条件。

该领域人才培养可首先采取"外语非通用语＋"的培养模式,此后还应继续加强在相关专业领域的深造,同时注重在工作实践中的不断提高。

(二) 军事信息服务领域需要掌握"精""专"的对象国语言能力

专业性极强的工作性质要求从业者具备精良、广博的外语非通用语根基。大学教育阶段要确实打好精良的外语非通用语基础,特别是读、写、译基础。入职后,本系统会组织相关的岗前培训,传授历代从业者多年积累的工作经验和丰富的工作资料,完成从通识外语非通用语人才向专业军事信息服务人才的转变。

该领域人才培养可首先采取"外语非通用语＋"的培养模式,掌握"精"且"博"的外语非通用语能力,尔后再进行相关的短期培训,达到"专"的要求。

(三) 边防会谈会晤领域需要掌握"精""专"的外语非通用语能力

边防部队外语非通用语人才是维护我边境地区安全不可或缺的重要力量。随着国家不断加大对外开放的力度,边防部队与当面国家军队的交流合作,特别是非传统安全领域的交流与合作不断加强,边防部队对外语非通用语人才的数量、质量需求也相应提高。但目前我边防部队中具有对象国语言专业学历背景的人员占比较低,特别是重点方向边防部队中外语非通用语人才外语实践能力亟待提高,人才缺口等问题日益突出。

担负边防会谈会晤主翻的人员虽然会预先就文本进行文字翻译准备,但会谈过程中双方领导一般会就边境情况、治安状况等临场发挥,这就需要会谈会晤主翻具有很强的语言灵活运用能力。此外,会谈会晤结束后按惯例会安排就餐、旅游、购物等活动,因此翻译涉及的范围很广,小到餐桌上的菜名、俚语,大到历史渊源、民风民俗等包罗万象。因此,边防会谈会晤翻译人员除需具备外语非通用语听、说、读、写、译能力外,还需熟知边境情况、武器装备情况,并熟练掌握相关专业词汇。

该领域人才培养可首先采取"外语非通用语＋"的培养模式。在具备精通某一门外语非通用语的专业能力基础上,让翻译人员适时参与相关短期强化培训,解决外语非通用语"专"的问题。

(四) 边防一线执勤分队需要掌握基本的外语非通用语听说能力

目前,边防一线执勤分队主要担负边境一线的巡逻执勤任务。中国的边防线漫长,且很多方向地形高低纵深落差大。在地形条件好的方向执勤分队在巡逻过程中偶尔会遇到当面邻国边防执勤分队,根据条令双方要相互保持距离,但如果双方关系较好,难免要相互问候,说些客套话,只是不允许就边境事务进行交流。边民进出主要通过口岸或通道。在巡逻过程中遇到非法进出的边民,要进行例行检查和讯问,检查其证件及随身携带的物品,如发现违禁品还要告知并收缴,并劝说其走正规的口岸或通道等。因此,边境一线执勤分队需要掌握的是常用的交流和问讯用语。

该领域人才培养可采取"＋外语非通用语"的培养模式,在短时间内强化其外语非通用语的基本听说能力。

三、对军队院校外语非通用语短期培训方案的思考

目前,我军院校培养的外语非通用语人才数量有限,仅能基本满足军事领域的相关急需,广大边防部队外语非通用语人才的长远接续问题较为突出。根据边防部队对外语非通用语人才的能力需求的层次不同,专门为边防部队开设外语非通用语短期培训十分必要。此类短期培训可分为两个层次:一是外语非通用语生长干部学员工作后的任职培训,主要组织针对性专业训练,即外语非通用语强化班;二是针对零起点、无语言基础的边防一线执勤官兵或前出任务部队官兵组织外语非通用语基本听说能力训练,即外语非通用语入门班。

(一) 外语非通用语强化班

(1) 培训对象:边防会谈会晤翻译。

(2) 培养目标:巩固强化外语非通用语听说能力,加强专业性文本翻译训练,扩充相关专业词汇量,熟悉外事纪律,掌握外交礼仪。

(3) 学制:5个月。

(4) 课程设置:情景听说训练、边防政策法规翻译训练、会谈会晤文本翻译训练、外事纪律、外交礼仪、军事文学选读。

(5) 教学实施:在扩大军事词汇量、强化听说能力训练的同时,尽量采取情景式教学方法,把学员分成我方和对方两组,根据会谈会晤流程,分阶段组训、模拟各类场景,反复强化训练。

(二) 外语非通用语入门班

(1) 培训对象:边防一线执勤分队官兵或前出任务部队官兵。

(2) 培养目标:掌握外语非通用语发音,掌握外语非通用语基本语法,掌握常用军地称谓,能够与外方人员进行简单日常交流,能够熟练运用常用巡逻执勤用语。

(3) 学制:5个月。

(4) 课程设置:发音基础、语法基础、常用军地称谓、日常生活用语、交流常用语、军队常用语、边防执勤常用语。

(5) 教学实施:分为语言基础和执勤用语两个部分。语言基础部分,进行语音强化,确保受训学员掌握准确发音、正确拼读,教授简单的语法,助其正确理解语言特性。执勤用语部分,结合常用军地称谓、日常生活用语、交流常用语、军队常用语、边防执勤常用语等模块,以背记句子为抓手,教授几百句常用、有用的句子,使受训学员能够熟能生巧、融会贯通。

(作者:扈琼瑶系国防科技大学国际关系学院副教授;
钟荣霈系国防科技大学国际关系学院副教授)